Rezepte für die Gesundheit

CHIVES

Eva Aschenbrenner

Rezepte für die Gesundheit

KOSMOS

Walnuss
(*Juglans regia*)

Frisch aufgebrühter Kräuter-Tee

Eines meiner Lieblingsrezepte ► ist das Bärlauch-Pesto (S. 66).

Kräuterbäder tun Leib und Seele gut.

Bärlauch
(*Allium ursinum*)

Ringelblumen und Dill

Die in diesem Buch angegebenen Rezepte dürfen nicht gewerblich genutzt werden. „Aschenbrenner" und diverse Produktbezeichnungen sind als Marke angemeldet.

In diesem Buch werden Hinweise zur Naturheilkunde gegeben. Nur auf die beschriebenen Arten trifft die angegebene Verwendung zu, ihr Gebrauch setzt daher ihre sichere Kenntnis voraus. Heilpflanzentees sollten immer nur beschränkte Zeit und nicht länger als nötig eingenommen werden, auch Hausteemischungen sollte man öfter wechseln. Behandelt werden dürfen nur leichtere Gesundheitsstörungen, die keiner ärztlichen Behandlung bedürfen. **Den Arztbesuch kann dieses Buch auf keinen Fall ersetzen.**
Auch dürfen verschiedene Kräuter, wie z.B. Rosmarin oder Echter Salbei, nicht während der Schwangerschaft eingenommen werden. **Bei gesundheitlichen Problemen während Schwangerschaft und Stillzeit oder bei Kleinkindern müssen Sie sich ärztliche Hilfe holen!**
Bei der Verwendung von Kräutern oder Heilmitteln sind die Beipackzettel der jeweiligen Anwender zu beachten.

Mit 85 Farbfotos von:
Robert Aschenbrenner, Garmisch-Partenkirchen: 3 re, 7, 10 re, 50, 67 li, 72, 77, 93, 100, 101 beide, 112, 121; **Botanik-Bildarchiv Laux**, Biberach/Riß: 27 re, 67 re, 73, 74; **Otmar Diez**, Sulzthal: 5 u, 32, 69, 84, 89, 90, 91, 94, 104; **Gartenschatz**, Stuttgart: 10 li, 13, 16, 19, 22, 23 li, 25, 27 li, 30 li, 33, 48, 52, 54, 55, 56 re, 68, 80, 88, 98, 102 beide, 103 re, 106, 109, 116, 119 li, 120, 122 alle, 125, 126; **Reinhard-Tierfoto/Hans Reinhard**, Heiligkreuzsteinach-Eiterbach: 2/3, 4 mi u, 50, 8, 14, 21, 26, 43, 56 u, 58, 66, 70, 71, 96, 114, 127, 128; **Wolfgang Redeleit**, Bienenbüttel: 111, **Kosmos-Verlag/Ralf Roppelt**, Stuttgart: 118; **StockFood/Roland Krieg**, München: 49; **Jürgen Stork**, Ohlsbach: 40; **Annette Timmermann**, Stolpe: 12, 36, 78, 123, 124.

Mit 42 Farbillustrationen von:
Ruth Fritzsche, Offenburg: 37, 39, 59, 62, 64, 65; **Marianne Golte-Bechtle**, Stuttgart: 5 mi, 9, 15, 17, 18, 23 re, 24, 28, 29, 30 re, 31, 35, 51, 63, 79, 85, 86, 97, 103 li, 108, 115, 119 re; **Sigrid Haag/Kosmos**, Stuttgart: 1, 40, 20, 34, 45, 76, 87, 95, 117; **Reinhild Hofmann**, München: 46, 60, 105; **Gerhard Kohnle**, Bad Liebenzell-Unterlengenhardt: 82.

Umschlagsgestaltung von Atelier Reichert, Stuttgart, unter Verwendung von einem Bild von Robert Aschenbrenner, Garmisch-Partenkirchen und zwei Zeichnung von Ruth Fritzsche (Teller mit Brennnesseln, Zwiebeln), einer Zeichnung von Marianne Golte-Bechtle (Gänseblümchen) und einer Zeichnung von Sigrid Haag (Heckenrosenblüte).

Gedruckt auf chlorfrei gebleichtem Papier.

Bibliografische Informationen der Deutschen Bibliothek:
Die Deutsche Bibliothek verzeichnet diese Publikation in der Deutschen Nationalbibliografie; detaillierte bibliografische Daten sind im Internet über http://dnb.ddb.de abrufbar.

ISBN-13: 978-3-440-10487-3
ISBN-10: 3-440-10487-7

Grundlayout: Atelier Reichert, Stuttgart
Produktion: DOPPELPUNKT Auch & Grätzbach GbR, Leonberg
Printed in Slovakia/Imprimé en Slovaquie

Körper, Geist und Seele sollten eine Einheit sein. Um dies begreifen zu können bedarf es längere Zeit. Man sollte in sich gehen, seinen Körper kennen lernen, der ein „Wunder" ist.

Was die Schöpfung an uns vollbracht hat, sollen wir sorgfältig „benutzen". Durch den täglichen Verbrauch gibt es einen Verschleiß. Ich möchte mithelfen, Ihre Organe zu pflegen, vom Beginn des Lebens an, damit Sie Freude haben.

In diesem Buch haben Sie vieles in „Einem": Tees, Ernährung, Zubereitung und Anwendung. Und vergessen Sie nie zu bitten und zu danken. Gottessegen und deren Schutz für alle wünscht von Herzen

Ihre
Eva Aschenbrenner

Ich danke allen, die mir Ihr Vertrauen geschenkt haben.

Wissenswertes vorweg

Zeit meines Lebens war ich gerne in der Natur unterwegs. Auch heute noch bin ich am liebsten draußen und freue mich über die Bäume, die ich schon seit Jahrzehnten kenne, über altbekannte Pflanzen am Wegesrand und neue, die letztes Jahr noch nicht hier gewachsen sind.

Ich wohne seit meiner Geburt in Kochel und doch erlebe ich selbst einen Weg, den ich schon Hunderte von Malen gegangen bin, immer wieder anders. Einmal ist es ganz still, dann höre ich Vögel, die zwitschern. An anderen Tagen pfeift mir der Wind um die Ohren oder Sonnenstrahlen tauchen Wiesen und Felder in ein helles Licht.

Sommer-Linde *(Tilia cordata)*

Zum Sammeln von Kräutern

Das Allerwichtigste ist, dass Sie die Kräuter einwandfrei erkennen. Oftmals gibt es verwandte Arten, die sich sehr ähnlich sehen. Die eine ist jedoch gut, **die andere giftig**. Das ist zum Beispiel beim Zinnkraut (Acker-Schachtelhalm) und dem verwandten Sumpf-Schachtelhalm *(Equisetum palustre)* so. Ersteres ist ein altbekanntes Heilmittel, **letzterer ist giftig** und darf nicht verwendet werden. Deshalb: Wenn Sie irgendwelche Zweifel haben, dann lassen Sie die Pflanze stehen.

Wenn Sie eine Pflanze abschneiden, dann bitten Sie sie und die Natur erst um Erlaubnis, dass Sie das tun dürfen. Nach dem Schnitt bedanken Sie sich. Geben Sie schon beim Sammeln Ihre positive Energie mit in den Vorgang, genauso wie später bei der Zubereitung eines Tees, einer Salbe oder einer Speise. Ich konnte immer wieder feststellen, dass die Heilmittel, die man so selbst herstellt, eine mehrfache Heilwirkung hatten als einfach gekaufte oder mit wenig Liebe zubereitete.

Hier trockne ich Walnuss-Blätter auf einem einfachen Rost. Besonders dickere Pflanzenteile brauchen viel Luft zum Trocknen.

Ich ernte bei der Esche die jungen Blätter.

Ich empfehle die Kräuter bis 14 Uhr mitteleuropäischer Zeit zu ernten. Am Nachmittag lässt man es sein und wartet auf den nächsten Tag. Außer es handelt sich um einen Notfall. Sammeln Sie die Kräuter in einem Korb oder in einer Papiertüte; Plastik ist ungeeignet. Die Kräuter werden mit einem Messer oder einer kleinen Schere abgeschnitten. Bitte nicht rausreißen; Sie könnten damit die ganze Pflanze zerstören. Bei vielen Pflanzen lasse ich einen Teil stehen, damit sie noch einmal nachwachsen können und auch im nächsten Jahr mit ihren Heilkräften wieder zur Verfügung stehen.

Die richtige Pflanze finden

Nachfolgend finden Sie die deutschen und botanischen Namen von Pflanzen aufgeführt, die in diesem Buch besprochen werden. Wie gesagt, wenn Sie sich nicht sicher sind, dass Sie die richtige Pflanze gesammelt haben, dann dürfen Sie sie nicht verwenden. In der Apotheke bekommen Sie in der Regel alle Kräuter, die Sie brauchen.

Bitte beachten Sie, dass wir im Buch manchmal nicht den exakten deutschen Namen geschrieben haben, wie Sie ihn in der nachfolgenden Tabelle finden. Zum Beispiel wird die Gemeine Esche in den Rezepten nur als Esche bezeichnet. Esche ist der umgangssprachliche Name. Daher haben wir uns für diesen Weg entschieden. Und das ist auch der Grund, warum diese Tabelle am Anfang des Buches steht.

Die eindeutigen Pflanzen, wie Möhre oder Rote Bete, haben wir nicht in die Liste aufgenommen.

Deutscher Name	***Botanischer Name***
Acker-Schachtelhalm, Zinnkraut	*Equisetum arvense*
Arnika	*Arnica montana*
Arznei-Baldrian	*Valeriana officinalis*
Echte Bärentraube	*Arctostaphylos uva-ursi*
Bärlauch	*Allium ursinum*
Gewöhnlicher Beinwell	*Symphytum officinale*
Hänge-Birke	*Betula pendula*
Blutwurz	*Potentilla erecta*
Große Brennnessel	*Urtica dioica*
Brombeere	*Rubus fruticosus* agg.
Brunnenkresse, Gewöhnliche Brunnenkresse	*Nasturtium officinale*
Eberesche, Vogelbeere	*Sorbus aucuparia*
Stiel-Eiche	*Quercus robur*
Wald-Erdbeere	*Fragaria vesca*
Gemeine Esche	*Fraxinus excelsior*
Gewöhnliche Fichte	*Picea abies*
Frauenmantel	*Alchemilla xanthochlora*
Gänseblümchen	*Bellis perennis*
Gurke	*Cucumis sativus*
Hagebutte	Frucht von *Rosa canina* oder *Rosa rugosa*
Hainbuche	*Carpinus betulus*
Himbeere	*Rubus idaeus*
Hirse	*Panicum miliaceum*
Schwarzer Holunder	*Sambucus nigra*
Hopfen	*Humulus lupulus*
Gemeiner Hornklee	*Lotus corniculatus*

Deutscher Name	***Botanischer Name***
Johanniskraut, Tüpfel-Johanniskraut	*Hypericum perforatum*
Kartoffel	*Solanum tuberosum*
Kleinblütiges Weidenröschen	*Epilobium parviflorum*
Kornelkirsche	*Cornus mas*
Kürbis	*Cucurbita pepo*
Winter-Linde	*Tilia platyphyllos*
Sommer-Linde	*Tilia cordata*
Löwenzahn	*Taraxacum officinale* agg.
Geflecktes Lungenkraut	*Pulmonaria officinalis* agg.
Meerrettich	*Armoracia rusticana*
Melisse, Zitronenmelisse	*Melissa officinalis*
Petersilie	*Petroselinum crispum*
Quitte	*Cydonia oblonga*
Gewöhnliche Rosskastanie	*Aesculus hippocastanum*
Ringelblume	*Calendula officinalis*
Echter Salbei	*Salvia officinalis*
Schafgarbe, Wiesen-Schafgarbe	*Achillea millefolium*
Spitzwegerich	*Plantago lanceolata*
Stinkender Storchschnabel	*Geranium robertianum*
Weiße Taubnessel	*Lamium album*
Echter Thymian	*Thymus vulgaris*
Gewöhnlicher Wacholder	*Juniperus communis*
Walnuss	*Juglans regia*
Eingriffliger Weißdorn	*Crataegus monogyna*
Zweigriffliger Weißdorn	*Crataegus laevigata*
Wundklee	*Anthyllis vulneraria*

Über das Aufbewahren

Die Kräuter werden an einem luftigen und schattigen Platz so schnell wie möglich getrocknet. Dicke Pflanzenteile, zum Beispiel die Blüten der Ringelblume, müssen immer wieder gewendet werden. Nehmen Sie zum Trocknen flache Steigen oder große Siebe. Man kann die Kräuter natürlich auch in einer Dörre trocknen.

Ich bewahre die Kräuter in dunklen Papiertüten auf, die mit Wäscheklammern zugemacht sind. Das hat den Vorteil, dass sie noch nachtrocknen können, falls etwas Feuchtigkeit übersehen wurde. Kräuterreste, wie zum Beispiel Stiele, kommen in einen Bett- oder Kissenbezug.

Viele Kräuter können Sie hängend trocknen lassen.

Allgemeines zur Teezubereitung

Für einen Tee können Sie trockene oder frische Kräuter verwenden. Wenn Sie sich für die frischen entscheiden, dann müssen Sie die dreifache Menge nehmen, die nachfolgend angegeben ist.

Ich fülle die getrockneten Kräuter in dunkle Papiertüten, die ich mit Wäscheklammern verschließe. So können sie noch etwas nachtrocknen.

GRUND-TEEREZEPT

Für einen Liter Tee empfehle ich zwei bis vier gestrichene Esslöffel der trockenen Kräuter. Achten Sie auf Ihren Körper. Reduzieren Sie die Menge, wenn Sie das Gefühl haben, dass Ihnen das Kraut nicht bekommt, oder nehmen Sie ein anderes.

Geben Sie die Kräuter in einen Topf oder eine Tasse und gießen Sie, je nachdem wie viel Tee Sie aufbrühen wollen, kochendes Wasser darüber. Anschließend muss alles fünf bis zehn Minuten lang zugedeckt ziehen, dann wird abgeseiht. Ausnahmen von dieser Regel beschreibe ich direkt bei den Einzelrezepten.
Sie können den Tee ungesüßt schluckweise trinken oder mit einem guten Honig süßen. Geben Sie den Honig nicht in den heißen Tee, er sollte schon „trinkbar" abgekühlt sein, weil ansonsten die heilkräftigen Wirkstoffe des Honigs zerstört werden.

Trinken Sie nicht zu viel Tee auf einmal, sondern verteilen Sie ihn über den Tag. Der Körper nimmt sich nur, was er im Moment braucht. Der Rest wird ungenutzt ausgeschieden und kann sich auf unsere Gesundheit nicht mehr positiv auswirken.

Manche Kräutertees, zum Beispiel Brennnesseltee, schwemmen sehr aus. Denken Sie daher daran, während der Zeit Mineralstoffe und Enzyme (aus der Apotheke) zu nehmen, in der Sie eine Kur mit dem Tee machen. Und essen Sie viel frisches Gemüse und Obst.

Nachfolgende Ratschläge und Rezepte sind von mir ausprobiert worden und wirken bei den meisten Menschen ähnlich. Es könnte aber durchaus vorkommen, dass manchmal eine unvorhergesehene Wirkung auftritt. Daher müssen Sie sich während einer Behandlung immer gut beobachten. Wenn Sie negativ reagieren, müssen Sie die Dosierung vermindern oder die Behandlung ganz einstellen.

Teerezepte

Für fast jede Unpässlichkeit ist ein Heilkraut oder eine Pflanze gewachsen. Viele dieser Kräuter schenkt uns die Natur und wir können sie wildwachsend finden und sammeln. Andere, wie zum Beispiel Apfel oder Quitte, lassen sich leicht im eigenen Garten anpflanzen und erfreuen uns im Herbst mit einer gesunden Ernte. Auf den folgenden Seiten habe ich für Sie meine besten Tees zusammengestellt. Bitte beachten Sie, dass Heilpflanzentees immer nur beschränkte Zeit und nicht länger als nötig eingenommen werden und auch Hausteemischungen öfter gewechselt werden sollten.

Ringelblume

Abnehmen

Apfelschalentee mit Melisse

- *3 Teelöffel Apfelschalen (trocken)*
- *2 Teelöffel Melisse (trocken)*

Ein gestrichener Esslöffel der trockenen Mischung wird mit einem Viertelliter Wasser kurz aufgekocht. Der Tee muss dann zehn Minuten lang zugedeckt ziehen und danach abkühlen. Trinken Sie über den Tag verteilt zwei Tassen.

Für die Gesundheit

- **bei Verstopfung**
- **hilft beim Abnehmen (dann auf jeden Fall ungesüßt trinken)**

Wenn Sie die Blätter der Melisse leicht zwischen den Fingern zerreiben, riecht sie leicht zitronig. Deshalb heißt sie auch Zitronenmelisse.

Frühjahrstee als Kur

- *trockene Blätter der Hänge-Birke*

Geben Sie einen gestrichenen Esslöffel trockener Birkenblätter in einen Topf und gießen Sie einen Viertelliter kochendes Wasser darüber. Kurz aufkochen lassen. Danach muss der Tee zehn Minuten lang zugedeckt ziehen. Dann wird er abgeseiht und schluckweise getrunken.

Trinken Sie täglich einen Viertelliter und machen Sie diese Kur vier Wochen lang.

Für die Gesundheit

- **zur Entschlackung**
- **zur Entwässerung**
- **zur Entfettung (auch bei Wassersucht)**
- **Gicht (Harnsäure wird ausgeschwemmt)**
- **Rheuma**
- **Verstopfung**

Blase und Niere

Teemischung bei Blasenentzündung

- *Schafgarbe (trocken)*
- *Bärentraubenblätter (trocken, aus der Apotheke)*
- *Brennnessel (trocken)*
- *Weiße Taubnessel (trocken)*

Stellen Sie eine Teemischung her, die zu je gleichen Teilen aus Schafgarbe, Brennnessel und Weißer Taubnessel besteht. Sie können aber auch jedes Kraut allein als Tee aufbrühen.
Geben Sie zwei gestrichene Teelöffel der Bärentraubenblätter in eine Tasse und füllen Sie sie halb voll mit kaltem Wasser. Über Nacht stehenlassen.
Am nächsten Tag geben Sie einen gestrichenen Esslöffel der Mischung aus Schafgarbe, Brennnessel und Weißer Taubnessel in einen kleinen Topf, übergießen Sie die Kräuter mit einem Viertelliter kochendem Wasser und kochen alles kurz auf. Vom Herd nehmen und Wasser und Bärentraubenblätter aus der halben Tasse dazuschütten. Zehn Minuten ziehenlassen, dann abseihen. Trinken Sie täglich höchstens einen halben Liter schluckweise über den Tag verteilt.

Für die Gesundheit

- **hilft bei Blasenentzündung**

WICHTIG: *Die Bärentraube steht unter Naturschutz, daher besteht Sammelverbot. Kaufen Sie sich die Blätter in der Apotheke.*

TIPP: *Bei Blasenentzündungen muss man zuerst zum Arzt gehen, das ist ganz wichtig. Zur Unterstützung der Heilung empfehle ich Ihnen außerdem Retterspitz® Innerlich, das nach Anweisung des Herstellers verwendet wird.*

Ebereschentee

- *getrocknete Beeren der Eberesche*

Zupfen Sie die Beeren der Eberesche ab, waschen Sie sie gut und legen Sie sie für ein paar Tage in den Gefrierschrank. Danach trocknen Sie sie entweder in einer Dörre oder im Backofen, halten Sie die Tür des Ofens durch einen Kochlöffel etwas offen. Bitte stellen Sie den Backofen auf die niedrigste Temperatur ein. Wenn Sie einen Tee herstellen wollen, dann weichen Sie die Beeren in warmem Wasser ein, so lange bis sie quellen.

Kochen Sie dann einen Viertelliter Wasser. Geben Sie einen gestrichenen Esslöffel der Beeren hinein und lassen Sie kurz aufkochen. Danach muss der Tee zehn Minuten lang zugedeckt ziehen. Dann wird er abgeseiht und schluckweise getrunken.

Für die Gesundheit

- **treibt den Harn**
- **wirkt abführend und adstringierend (bei Blutungen zusammenziehend)**
- **bei schmerzhafter Periode**

VORSICHT BITTE:
Die Beeren der Eberesche sind giftig! Sie dürfen roh keinesfalls gegessen werden!

Gänseblümchentee

- *Blüten des Gänseblümchens*

Ein gestrichener Esslöffel frische Gänseblümchenblüten wird in einen Viertelliter kochendes Wasser gegeben und kurz aufgekocht.

Anschließend zehn Minuten lang zugedeckt ziehenlassen. Danach abseihen, abkühlen lassen und schluckweise zu sich nehmen.

Für die Gesundheit

- **wirkt harntreibend**
- **reinigt das Blut**

Gänseblümchen

Tee aus Goldrute, Bärentraubenblättern und Zinnkraut

- *1 gestrichener Teelöffel Goldrute (trocken, aus der Apotheke)*
- *1 gestrichener Teelöffel Blätter der Bärentraube (trocken, aus der Apotheke)*
- *1 gestrichener Esslöffel Zinnkraut (trocken)*

Setzen Sie zwei gestrichene Teelöffel der Mischung aus Bärentraube und Goldrute abends in einer halben Tasse kaltem Wasser an. Am folgenden Tag kochen Sie einen Zinnkrauttee aus einem gestrichenen Esslöffel des trockenen Krautes auf einen Viertelliter Wasser. Geben Sie den Ansatz aus Goldrute und Bärentraubenblättern in den heißen Zinnkrauttee, nicht mitkochen! Zehn Minuten ziehen lassen, dann abseihen und schluckweise trinken.

Für die Gesundheit

- **unterstützend bei Nierenleiden**
- **gut für Blase und Harnwege**

WICHTIG: *Wenn Sie Probleme mit Ihren Nieren haben, müssen Sie erst einmal den Arzt aufsuchen.*

Blase und Niere

Holunderblatttee

- *Blätter vom Schwarzen Holunder*

Kochen Sie einen Viertelliter Wasser. Geben Sie einen Esslöffel junge, frische Blätter des Schwarzen Holunders hinein und lassen Sie alles kurz aufkochen.

Danach muss der Tee zehn Minuten lang zugedeckt ziehen. Dann wird er abgeseiht und schluckweise getrunken.

Für die Gesundheit

- **bei mangelnder Urin-Ausscheidung hilfreich, weil die Niere angeregt wird**
- **zur Blutreinigung im Frühjahr**
- **zur Unterstützung bei der Behandlung der Zuckerkrankheit**

VORSICHT BITTE: *Die rohen Beeren des Holunders sind giftig!*

Schwarzer Holunder (*Sambucus nigra*)

Tee aus Kürbissamen

- *Kürbissamen*

Kürbissamen werden seit alters her als Wurmmittel verwendet. Und außerdem lässt sich daraus ein Tee kochen, der entwässert. Von einem normalen Kürbis werden 20 Samen in einem Viertelliter Wasser fünf Minuten lang geköchelt.

Danach zehn Minuten zugedeckt ziehenlassen. Dann muss man abseihen und kann den Tee schluckweise trinken.

Für die Gesundheit

- **hilft bei Wasseransammlungen im Körper**

TIPP: *Die gekochten Kürbissame werden aus der Schale genommen und gegessen. Sie schmecken sehr gut.*

Petersilientee

- *eine Hand voll frische Blätter der Petersilie mit Stielen*
- *1 gestrichener Teelöffel getrocknete Goldrute (aus der Apotheke)*
- *1 gestrichener Teelöffel getrocknetes Zinnkraut*

Eine Hand voll Petersilie wird klein geschnitten und in einen halben Liter kaltes Wasser gegeben und drei Minuten lang gekocht. Ganz zum Schluss einen gestrichenen Teelöffel Goldrute und einen gestrichenen Teelöffel Zinnkraut zugeben und kurz mitkochen. Dann vom Herd nehmen und zehn Minuten zugedeckt ziehenlassen, abseihen, fertig. Goldrute kaufen Sie am besten in der Apotheke, weil man sie nicht oft findet. Man trinkt einen halben Liter Tee pro Tag, zwei Wochen lang. Man kann diese Kur bis zu dreimal pro Jahr wiederholen.

Für die Gesundheit

- **zum Entgiften der Niere**

BITTE BEACHTEN: *Nicht anwenden, wenn man unter einer Nierenentzündung leidet.*

Schafgarbentee und -pulver

Schafgarbe (trocken)

Selbst im Alter von 76 Jahren half dieser Tee meinem Mann, die normale Blasentätigkeit nach langer Katheterzeit wieder zu entwickeln. Ich brachte ihm jeden Tag einen Viertelliter Schafgarbentee, der mit einem gestrichenen Esslöffel getrockneter Schafgarbe aufgebrüht war.

Wenn Sie eine Operation vor sich haben, dann empfehle ich Ihnen früh genug vorher damit zu beginnen, Schafgarbentee zu trinken. Nach der Operation nehmen Sie diesen Tee weiter.

Zusätzlich können Sie auch Schafgarbenpulver in Wasser (ein gestrichener Teelöffel in ein Glas Wasser) und nach einigen Tagen sogar in Wein aufgelöst nehmen. Das Pulver stellt man her, indem getrocknete Schafgarbe durch ein feines Teesieb gestrichen wird. Ich habe in den Jahren meiner Tätigkeit viele Leute getroffen, die durch diese Behandlung schneller das Krankenhaus wieder verlassen durften.

Wenn Sie eine Operation vor sich haben, dann versuchen Sie einen Operationstermin auszuwählen, der in der Zeit des abnehmenden Mondes liegt.

Sprechen Sie mit Ihrem Arzt, denn es ist Ihr Körper und die Heilung kommt bei abnehmendem Mond einfach schneller voran. Ich konnte immer wieder einmal feststellen, dass es dann fast keine Blutung gibt. Notoperationen müssen selbstverständlich sofort und unabhängig vom Mond vorgenommen werden.

Für die Gesundheit

- **zur besseren Genesung nach Operationen**
- **Bei Blasenschwäche (Inkontinenz) empfehle ich Ihnen täglich mindestens einen halben Liter Schafgarbentee zu trinken.**

TIPP: *Bei Blasenschwäche sollten Sie zusätzlich die Muskeln im Blasenbereich mehr bewegen und stärken. Wiederholen Sie das oft am Tag, Sie werden sehen, es kommt zu einer deutlichen Besserung. Man kann auch im Alter diese Muskeln aufbauen!*

Ich stelle Schafgarbenpulver immer selbst her: Die getrocknete Schafgarbe wird einfach durch ein feines Sieb gestrichen.

Zinnkrauttee

getrocknetes Zinnkraut (Acker-Schachtelhalm)

Kochen Sie einen Viertelliter Wasser und geben Sie einen gestrichenen Esslöffel trockenes Zinnkraut hinein. Kurz aufkochen lassen. Danach muss der Tee zehn Minuten lang zugedeckt ziehen. Dann wird er abgeseiht und schluckweise getrunken.

Für die Gesundheit

- **hilft der Prostata**
- **hilft den Harnwegen**

Blut

Birkenblättertee

- *getrocknete oder frische Blätter der Hänge-Birke*

Drei Esslöffel frische oder ein gestrichener Esslöffel getrocknete Birkenblätter werden klein geschnitten und in einen Viertelliter kochendes Wasser gegeben. Kurz aufkochen lassen. Anschließend zehn Minuten lang ziehenlassen und dann abseihen. Über den Tag verteilt trinken.

Für die Gesundheit

- **innerlich: reinigt und verdünnt das Blut, reinigt die Nieren, harntreibend, lindert Gicht und Rheuma und beugt auch gegen diese Krankheiten vor, schwemmt Ablagerungen aus den Gelenken, ist wegen der Bitterstoffe gut für die Galle, zur Entwässerung und Entschlackung**
- **äußerlich: für den Haarwuchs abends ins Haar einmassieren**

TIPP: *Für den Tee können Sie auch die älteren und dunkleren Blätter verwenden, die Sie bis etwa Mitte Juli sammeln können. Danach bitte nicht mehr, das Laub ist dann einfach zu ledrig.*

Tee aus Walnussblättern

- *Walnussblätter (jung, trocken, zerkleinert)*

Kochen Sie einen Viertelliter Wasser. Geben Sie einen gestrichenen Esslöffel junger, trockener Walnussblätter hinein und lassen Sie alles kurz aufkochen. Danach muss der Tee fünf bis zehn Minuten lang zugedeckt ziehen. Dann wird er abgeseiht und schluckweise getrunken.

Für die Gesundheit

- **Wer dickes oder unreines Blut hat, der kann eine Kur mit Walnussblättertee machen. Während dieser Zeit werden Sie sehen, wie sich die Gesichtsfarbe zum Positiven hin verändert.**
- **bei Verstopfung**
- **bei Leberentzündungen**
- **nimmt Gifte, Gase und Fäulnis aus Magen und Darm**
- **blutbildend**

HINWEIS: *Man kann die Blätter nur bis Anfang Juli sammeln, danach werden die jetzt älteren Blätter nicht mehr verwendet.*

Zur Erfrischung

Hagebuttentee

- *Hagebutten (trocken)*
- *Melisse (trocken, nach Belieben)*
- *Apfelschalen (trocken, nach Belieben)*

Heckenrose *(Rosa canina)*

Nehmen Sie zwei bis vier gestrichene Esslöffel Hagebutten auf einen Liter kochendes Wasser. Kurz aufkochen. Lassen Sie ihn fünf bis zehn Minuten ziehen und seihen sie ihn dann ab. Wir haben als Kinder sehr oft Hagebuttentee bekommen, besonders im Herbst. Manchmal hat ihn meine Mutter mit Melisse und Apfelschalen vermischt.

Für die Gesundheit

- **zur Erfrischung**
- **bei körperlicher Schwäche**
- **bei Angstzuständen**
- **schwemmt Ablagerungen aus den Gelenken**

HINWEIS: *Es ist ganz wichtig positiv zu denken. Immer wieder fragen mich die Leute: „Ja, was glauben Sie, hilft das denn?" Ich sage dann: „Schauen Sie nach vorn. Und sagen Sie sich, ich will die Krankheit annehmen, aber ich wehre mich dagegen."*

Hagebutten sind ein so schöner Schmuck im Garten und in der Natur.

Erkältungskrankheiten

Holundertee

- *Blüten vom Schwarzen Holunder (trocken)*

Aus den Blüten des Holunders lässt sich ein schweißtreibender Tee herstellen. Kochen Sie einen Viertelliter Wasser. Geben Sie einen gestrichenen Esslöffel getrocknete Blüten des Schwarzen Holunders hinein und lassen Sie alles kurz aufkochen. Danach muss der Tee zehn Minuten lang zugedeckt ziehen. Dann wird er abgeseiht und schluckweise getrunken.

Für die Gesundheit

- **schweißtreibend**
- **hilfreich bei Bronchitis, Husten, grippalen Infekten, Erkältungen**
- **tut Niere und Leber gut**

TIPP: *Leider wird Holunder gerne von Läusen befallen, daher muss man frühzeitig die Blätter und Blüten sammeln.*

Hustentee

- *2 Teelöffel Echter Salbei (trocken)*
- *2 Teelöffel Geflecktes Lungenkraut (trocken)*
- *2 Teelöffel Spitzwegerich (trocken)*
- *½ Teelöffel Echter Thymian (trocken)*

Vermischen Sie die Kräuter gut miteinander. Brühen Sie sich einen Tee aus zwei gestrichenen Esslöffeln der Mischung pro halbem Liter Wasser. Die Kräuter werden mit dem kochenden Wasser übergossen und zehn Minuten zugedeckt ziehengelassen. Danach abseihen und schluckweise trinken.

Für die Gesundheit

- **bei Husten**

Lindenblütentee

- *getrocknete Lindenblüten*

Nehmen Sie einen gestrichenen Esslöffel pro Viertelliter Wasser. Brühen Sie den Tee auf und lassen ihn fünf bis zehn Minuten lang ziehen, danach abseihen. Trinken Sie den Tee dann schluckweise.

Für die Gesundheit

- **als Schwitztee bei Erkältungen**
- **gut für Magen, Galle und Darm**
- **kann bei Herzklopfen, verschleimter Lunge und auch Rheuma sowie Gicht helfen**
- **bei Schlaflosigkeit**

Heilkräftige Lindenblüten ▸

Tee aus Spitzwegerich

- *getrockneter Spitzwegerich*

Man kann die Blätter des Spitzwegerichs trocknen und im Winter als Tee aufbrühen.
Nehmen Sie einen gestrichenen Esslöffel pro ein Viertelliter Wasser. Brühen Sie den Tee auf und lassen ihn fünf bis zehn Minuten ziehen, dann abseihen. Trinken Sie einen Viertelliter pro Tag.

Für die Gesundheit

- **hilft bei Husten**

Tee aus Thymian und Lungenkraut

- *½ Teelöffel Echter Thymian (trocken)*
- *2 Teelöffel Geflecktes Lungenkraut (trocken)*

Kochen Sie einen Viertelliter Wasser. Geben Sie einen gestrichenen Esslöffel der Kräutermischung hinein und lassen Sie alles kurz aufkochen. Die Tasse wird zugedeckt und der Tee muss nun zehn Minuten lang ziehen, dann abseihen.

Hauptsächlich sollte man den Tee am Abend für die Nacht einnehmen und danach nicht mehr rausgehen. Nach einigen Tagen löst sich der Schleim und kann dann gut abgehustet werden.

Für die Gesundheit

- **hilft bei Husten und Bronchitis**

◄ Den heilkräftigen Spitzwegerich findet man fast überall wild wachsend.

Echter Thymian (*Thymus vulgaris*)

Für Frauen und Mädchen

Menstruationsbeschwerden in der Pubertät

- *Frauenmantel (trocken)*
- *Schafgarbe (trocken)*
- *Weiße Taubnessel (trocken)*

– zu je gleichen Teilen –

Wenn Mädchen oder junge Frauen Schmerzen bei der Periode haben, können sie sich selbst einen Tee mischen, der hilft, bis sich die Menstruation eingependelt hat. Schafgarbe, Frauenmantel und Taubnessel werden zu gleichen Teilen gemischt.

Pro Tag sollten sie einen Viertelliter von diesem Tee trinken, der mit einem gestrichenen Esslöffel aufgebrüht wurde. Während der Periode eine Teepause einlegen und danach wie gehabt weitermachen.

Für die Gesundheit

- **gegen Schmerzen während der Periode bei Mädchen und jungen Frauen**

Menstruationsbeschwerden bei Frauen

- *Frauenmantel (trocken)*
- *Schafgarbe (trocken)*

– zu je gleichen Teilen –

Haben Frauen nach der Pubertät immer noch Menstruationsschmerzen empfehle ich eine Teemischung aus Schafgarbe und Frauenmantel. Man trinkt auch hier einen Viertelliter Tee pro Tag, der aus einem gestrichenen Esslöffel der Mischung hergestellt wurde.

Während der Blutung ist Teepause. Bei zu starker Periode rate ich zu derselben Behandlung.

Für die Gesundheit

- **bei Periodenschmerzen und starken Blutungen**
- **bei Zysten und Myomen**

Menstruationsbeschwerden in den Wechseljahren

- *Frauenmantel (trocken)*
- *Schafgarbe (trocken)*
- *Echter Salbei (trocken)*

– zu je gleichen Teilen –

In den Wechseljahren ändert sich die Teemischung wieder etwas. Jetzt wird ein Tee aus gleichen Teilen Frauenmantel, Schafgarbe und Echtem Salbei hergestellt. Trinken Sie ein- bis zweimal pro Woche einen halben Liter, der aus zwei gestrichenen Esslöffeln der Teemischung überbrüht wurde. Der Tee darf nicht täglich getrunken werden.

Für die Gesundheit

- **bei Menstruationsschmerzen in den Wechseljahren**
- **bei Hitzewallungen**

Frauenmantel
(*Alchemilla xanthochlora*)

Gelenke

Tee aus Kirschstielen

Stiele von Kirschen

Nehmen Sie 15 bis 30 Kirschstiele und köcheln Sie sie (vier bis fünf Minuten) in einem Viertelliter Wasser, dann seihen Sie sie ab und trinken den Tee schluckweise.

Für die Gesundheit

- **schwemmt Ablagerungen aus den Gelenken**
- **harntreibend**

Verwenden Sie für den Tee ungespritzte Kirschstiele wie hier gezeigt.

Tee aus Zinnkraut

getrocknetes Zinnkraut (Acker-Schachtelhalm)

Kochen Sie einen Viertelliter Wasser. Geben Sie einen gestrichenen Esslöffel trockenes Zinnkraut hinein und lassen Sie es kurz aufkochen. Danach muss der Tee zehn Minuten lang zugedeckt ziehen. Dann wird er abgeseiht und schluckweise getrunken.

Für die Gesundheit

- **über längere Zeit getrunken, kann er Ablagerungen aus den Gelenken ausschwemmen. Bitte zweimal täglich einen Viertelliter Tee trinken. Parallel dazu sollte man Sudbäder nehmen (siehe Seite 89).**
- **bei Prostatabeschwerden (aber nur eine Tasse Tee pro Tag)**
- **hilft bei lockeren Zähnen, Zahnfleischbluten und Entzündungen der Mundschleimhaut (mit dem Tee spülen)**
- **kann Hitzewallungen lindern**
- **für die Niere, harntreibend**

Haare

Brennnesseltee

Brennnesselblätter (frisch)

Geben Sie drei Esslöffel frische, junge Brennnesselblätter oder einen gestrichenen Esslöffel getrocknete Blätter in einen Viertelliter kochendes Wasser. Kurz aufkochen. Nehmen Sie den Topf dann vom Herd und lassen Sie das Ganze zehn Minuten lang zugedeckt ziehen. Danach abseihen und nicht mehr als einen Viertelliter über den Tag verteilt trinken.

Für die Gesundheit

- **reinigt den Körper**
- **wirkt harntreibend**
- **bei niedrigem Blutdruck**
- **äußerlich aufs Haar: für schöne, kräftige Haare**

BITTE BEACHTEN:
Brennnesseltee darf nur drei Wochen am Stück getrunken werden, weil er stark ausschwemmt. Nehmen Sie während dieser Zeit zusätzliche Mineralstoffe zu sich. Der Tee wird nicht empfohlen, wenn man unter hohem Blutdruck leidet.

HINWEIS: *Jeder Körper ist anders – horchen Sie in sich hinein, was Ihr Körper braucht.*

Die reifen Walnüsse sind gut für das Gedächtnis.

Herz

Herztee aus Walnusskämben

Nusskämben (trocken)

Nehmen Sie zehn bis zwölf trockene Nusskämben (die Trennwände in der reifen Walnuss). Sie werden in einen Viertelliter Wasser gegeben und kurz aufgekocht. Nach zwei bis drei Minuten vom Herd nehmen und zehn Minuten zugedeckt ziehenlassen. Abseihen und schluckweise zu sich nehmen.

Für die Gesundheit
- **gut für das Herz**

WICHTIG: *Bei Herzproblemen muss man zuerst zum Arzt gehen.*

Nusskämben

Weißdorntee

Weißdornblätter, -blüten und/oder -beeren

Für den Tee nimmt man im Frühling die Blätter und Blüten oder im Herbst Beeren und Blätter vom Weißdorn, wenn sie nicht zu sehr verschmutzt sind. Ich sammle beides so früh und jung wie möglich, damit sie noch nicht so viele Schadstoffe aus der Luft aufgenommen haben.

Zwei gestrichene Teelöffel der Mischung werden in einen Viertelliter kochendes Wasser gegeben und kurz aufgekocht. Zehn Minuten zugedeckt ziehenlassen und dann schluckweise trinken.

Für die Gesundheit
- **gut für das Herz**

Für Kinder

Kindertee

Melisse (trocken)

Brühen Sie einen halben Liter Tee aus einem gestrichenen Esslöffel Melisse auf. Für jedes Kind gibt es einen Viertelliter pro Tag.

Für die Gesundheit
- **die Zappelei hört auf**

HINWEIS: *Alles, was Sie „aussenden", kommt sieben- bis zehnfach zurück.*

Lavendel duftet einfach wunderbar.

Magen und Darm

Blutwurztee

- *getrocknete Blutwurz-Wurzel*

Ein gestrichener Teelöffel der zerkleinerten Wurzel wird mit einem Viertelliter Wasser kalt angesetzt und zum Kochen gebracht. Dann ein bis zwei Minuten köcheln und anschließend zehn Minuten lang ziehenlassen. Danach abseihen. Trinken Sie pro Tag ein bis zwei Tassen davon. Bitte ungesüßt trinken.

Für die Gesundheit

- **für Magen und Darm**
- **gut bei lockeren Zähnen und Parodontose (mit dem Tee spülen und durch die Zähne ziehen)**

HINWEIS: *Nach meiner Erfahrung sollte derjenige, der Probleme mit dem Magen hat, keinen Kamillentee trinken. Kamille trocknet aus.*

Quitte (*Cydonia oblonga*)

Quittenschalentee

- *getrocknete Quittenschalen*

Die getrockneten, zerkleinerten Quittenschalen können als Tee aufgegossen werden. Dazu geben Sie einen gestrichenen Esslöffel der getrockneten, zerkleinerten Quittenschalen in einen Viertelliter kochendes Wasser. Kurz aufkochen lassen. Dann lassen Sie den Tee fünf bis zehn Minuten lang zugedeckt ziehen. Danach abseihen und abkühlen lassen. Schluckweise trinken.

Für die Gesundheit

- **hilft Magen und Darm**
- **räumt mit den Giften im Körper auf**
- **bei Gicht**

Teemischung bei Verstopfung

- *Echter Salbei (trocken)*
- *Kümmel (trocken)*
- *Fenchel (trocken)*
- *Himbeerblätter (trocken)*

– zu je gleichen Teilen –

Geben Sie einen gestrichenen Esslöffel der oben genannten Kräutermischung in einen Viertelliter kochendes Wasser. Kurz aufkochen lassen. Fünf bis zehn Minuten zugedeckt ziehen lassen, abseihen und schluckweise trinken.

Für die Gesundheit

- **bei Verstopfung**

TIPP: *Bei Verstopfung kann Ihnen auch Retterspitz® Innerlich helfen. Trinken Sie das Mittel nach Vorschrift des Herstellers, bis es Ihnen wieder besser geht.*

Für Männer

Salbeitee

* *Echter Salbei (trocken)*

Trinken Sie einen Viertelliter Tee, der aus zwei gestrichenen Teelöffeln trockener Salbeiblätter gebrüht wurde. Zugedeckt fünf bis zehn Minuten ziehenlassen, dann abseihen und schluckweise über den Tag verteilt trinken.

Für die Gesundheit

- **bekommt dem Magen sehr**
- **hilft gegen Mundgeruch**

TIPP: *Sie können mit dem Tee auch gurgeln. Das hilft bei Entzündungen im Mund oder Hals.*

HINWEIS: *Oft sind Entzündungen oder Bläschen im Mund oder eine rissige Zunge der Alarm von innen. Es stimmt etwas mit dem Magen nicht.*

Zinnkraut oder Acker-Schachtelhalm (*Equisetum arvense*)

Tee gegen Prostatabeschwerden

* *getrocknetes Zinnkraut (Acker-Schachtelhalm)*

Geben Sie einen gestrichenen Esslöffel Zinnkraut in einen Viertelliter kochendes Wasser. Kurz aufkochen. Lassen Sie das Ganze etwa zehn Minuten lang zugedeckt ziehen. Danach wird abgeseiht. Trinken Sie den Tee schluckweise über den Tag verteilt.
Ein betagter Mann schrieb mir, dass seine Prostataprobleme verschwunden sind, seit er den Zinnkrauttee trinkt.

Für die Gesundheit

- **bei Prostatabeschwerden**
- **hilft den Harnleitern**

VORSICHT BITTE: *Wenn Sie den Acker-Schachtelhalm selbst sammeln, dürfen Sie ihn nicht mit dem giftigen Sumpf-Schachtelhalm* (Equisetum palustre) *verwechseln.*

HINWEIS: *Trinken Sie den Tee über den Tag verteilt. Der Körper nimmt sich nur das, was er im Moment braucht. Der Rest wird ungenutzt ausgeschieden.*

Pubertät

Aknetee für Mädchen

- *Frauenmantel (trocken)*
- *Schafgarbe (trocken)*
- *Weiße Taubnessel (trocken)*

– zu je gleichen Teilen –

Mädchen, die in der Pubertät unter Akne leiden, kann man mit folgendem Teerezept helfen. Pro Tag sollten sie einen Viertelliter von dem Tee trinken, welcher aus der obengenannten Mischung gebrüht wurde.

Man nimmt einen gestrichenen Esslöffel der Kräutermischung pro Viertelliter Wasser. (Während der Periode eine Teepause einlegen und danach wie gehabt weitermachen.)

Für die Gesundheit

- **bei Hautproblemen während der Pubertät bei Mädchen (zusätzlich sind Gesichtsdampfbäder empfehlenswert, siehe Seite 118, und feuchtheiße Unterbauchauflagen)**

Aknetee für Jungen

- *Kleinblütiges Weidenröschen (trocken)*
- *Schafgarbe (trocken)*
- *Zinnkraut (trocken)*

– zu je gleichen Teilen –

Ich sammele das Kleinblütige Weidenröschen zur Blütezeit.

Bei Buben, die unter Akne leiden, kann mit einem Tee aus Schafgarbe, Kleinblütigem Weidenröschen und Zinnkraut geholfen werden.

Die Jungen bekommen einen Viertelliter Tee pro Tag, der mit einem gestrichenen Esslöffel der Teemischung hergestellt wurde. Die Behandlung wird so lange fortgeführt, bis die Akne verschwindet.

Für die Gesundheit

- **hilft bei Akne bei Buben (zusätzlich sind Gesichtsdampfbäder empfehlenswert, siehe Seite 118, und feuchtheiße Unterbauchauflagen)**

Kleinblütiges Weidenröschen (*Epilobium parviflorum*)

Schlafen und Beruhigung

Apfelschalentee

Apfelschalen (trocken)

Kochen Sie einen Viertelliter Wasser. Geben Sie einen gestrichenen Esslöffel der getrockneten und zerkleinerten Apfelschalen hinein und lassen Sie alles kurz aufkochen. Zudecken und zehn Minuten lang ziehenlassen. Danach abseihen, abkühlen lassen und schluckweise trinken. Über den Tag verteilt nehmen Sie etwa zwei Tassen zu sich.

Für die Gesundheit

- **beruhigt die Nerven**
- **hilft beim Abnehmen (dann auf jeden Fall ungesüßt trinken)**

Gemeiner Hornklee
(*Lotus corniculatus*)

Hornkleetee

Stiele mit Blüten vom Gemeinen Hornklee

Geben Sie drei Teelöffel vom frischen oder einen gestrichenen Teelöffel vom getrockneten Hornklee in einen Viertelliter kochendes Wasser. Dann lassen Sie den Tee zugedeckt etwa zehn Minuten ziehen, danach abseihen. Trinken Sie den Tee schluckweise eine halbe Stunde vor dem Zubettgehen.

Für die Gesundheit

- **gegen Schlaflosigkeit**

VORSICHT BITTE:
Um Verwechslungen zu vermeiden, kauft man Hornklee am besten in der Apotheke.

Ein Waldspaziergang wirkt auf mich immer beruhigend und ausgleichend.

Speisen

Eine gute und richtige Ernährung ist für die Gesundheit besonders wichtig. Lebensmittel sind, wie der Name schon sagt, Mittel fürs Leben. Je vollwertiger und gehaltvoller sie sind, desto mehr dienen sie unserem Kör-per und Geist. Ich selbst kaufe immer dort ein, wo ich weiß, dass die Menschen genauso viel Wert auf Frische und Inhaltsstoffe legen wie ich.

Am besten ist es, wenn Sie Gemüse und Obst aus Ihrer Region kaufen, vielleicht frisch beim Bauern oder im Naturkostladen und Reformhaus. Es ist außerdem ratsam, immer nur so viel als Speise zuzubereiten, wie man auf einmal essen kann. Frisch zubereitetes Essen ist im jedem Fall besser als aufgewärmte Speisen. Und – entscheidend ist, ob Sie es mit Liebe zubereiten und kochen.

Suppen

Brennnesselsuppe

- *4 große Hände voll frischer Brennnesselblätter*
- *1 Zwiebel*
- *Distelöl*
- *Dinkelmehl*
- *¼ l Sahne*
- *1 l Gemüsebrühe*
- *geröstete Brotstückchen*
- *Pfeffer und Salz*

Schneiden Sie die Zwiebel in kleine Würfel. Waschen Sie die Brennnesselblätter und hacken Sie sie klein. Erhitzen Sie etwas Öl in einem Suppentopf und glasieren sie die Zwiebelwürfel. Geben Sie dann etwas Dinkelmehl dazu. Kurz anbräunen. Dann geben Sie die Sahne dazu und lassen sie kurz aufkochen.

Nun kommt 1 Liter kochende Gemüsebrühe dazu und schließlich die Brennnesselblätter. Lassen Sie das Ganze einmal kurz aufkochen. Nehmen Sie den Topf vom Herd und stellen Sie die Suppe fünf Minuten neben den Herd. Mit Salz und Pfeffer abschmecken. Servieren Sie die Suppe mit gerösteten Brotstücken.

Grüne Erbsencremesuppe

- *4 frische Eier*
- *200 g Mischbrot*
- *Butterschmalz*

- *1 Endiviensalat*
- *500 g Kartoffeln*
- *1 dicke Zwiebel*
- *Distelöl*
- *1 Dose Erbsen*
- *gemischte Kräuter der Saison*
- *1 Bund Petersilie*
- *Kräutersalz, Pfeffer*
- *Meerrettich*
- *Senf*
- *2 Esslöffel Zitronensaft*
- *1 Becher Schlagsahne oder Schmand*

Zuerst die Eier wachsweich kochen, abschrecken und schälen. Aus dem Brot schneiden Sie Würfel, die in Butterschmalz knusprig gebraten werden. Den Endiviensalat waschen, sehr gut abtropfen lassen und die Blätter in schmale Streifen schneiden. Die Kartoffeln waschen, schälen und in kleine Würfel schneiden. Die Zwiebel abziehen, ebenfalls in Würfel schneiden und in heißem Distelöl andünsten. Dann geben Sie die Kartoffelwürfel dazu und dünsten sie ebenfalls kurz an. Mit Erbsenflüssigkeit aus der Dose aufgießen und weich werden lassen.

Den Salat und die Erbsen zur Suppe geben, kurz ziehenlassen, die kleingehackten Kräuter dazugeben, mit Gewürzen und zwei Esslöffeln Zitronensaft abschmecken. Die Sahne halb steif schlagen und kurz vor dem Servieren unter die Suppe ziehen. Zum Schluss die gerösteten Brotwürfel und die aufgeschnittenen Eier auf die Teller verteilen.

Das sollten Sie im Haus haben

- **Senf und Senfkörner (für die Leber)**
- **Meerrettich (gegen hohe Cholesterinwerte)**
- **Bärlauch (statt Knoblauch)**
- **Kräutersalz**
- **Kräuteressig**
- **Dinkelmehl (das darf nie fehlen, Dinkel ist das Urkorn)**
- **gemahlene Braunhirse**

Gurkensuppe

- *2 Gurken aus biologischem Anbau*
- *1 rote Zwiebel*
- *gekörnte Brühe*
- *Crème fraîche oder Schmand*
- *Meerrettich*
- *Senf und Senfkörner*
- *Pfeffer aus der Mühle*
- *Kräutersalz*
- *Kräuter der Saison: zum Beispiel Dill, Petersilie, Bärlauch, Spitzwegerich, Kapuzinerkresse, Brunnenkresse*

- *Vollkornbrotwürfel*
- *Distelöl*
- *eventuell Käse oder Tofu*

Zwei Gurken mit Schale und die rote Zwiebel werden mit dem Gurkenhobel in Scheiben geschnitten. Geben Sie die Scheiben in einen Topf und bedecken Sie sie mit Wasser. Die gekörnte Brühe zufügen und 15 Minuten kochen.

Dicken Sie danach die Mischung mit Crème fraîche oder Schmand etwas ein. Würzen Sie mit etwas Meerrettich und Senf sowie Pfeffer, Kräutersalz und Kräutern der Saison.

Geben Sie in Distelöl geröstete Vollkornbrotwürfel darüber. Schon haben Sie ein komplettes Essen – einen Schlankmacher ohne viele Kalorien. Wer will, kann noch Käse- oder Tofuwürfel in die Suppe geben.

HINWEIS: *Wer unter zu hohen Cholesterinwerten leidet, sollte öfter ein wenig Meerrettich (täglich) essen.*

Kartoffelsuppe

- *500 g Kartoffeln*
- *200 g Karotten*
- *1 rote Paprikaschote*
- *150 g Rosenkohl*
- *1 Zwiebel*
- *Distelöl*
- *1 l gekörnte Brühe*
- *1 Eigelb*
- *1/8 l Sahne*
- *Salz*
- *Pfeffer aus der Mühle*
- *Petersilie*
- *Majoran*

Schneiden Sie die Kartoffeln, Karotten, Paprikaschote, Zwiebel und den Rosenkohl sehr klein und braten Sie alles in einem Suppentopf mit etwas Öl an. Dann gießen Sie mit gekörnter Brühe auf und lassen die Suppe 25 bis 30Minuten leicht kochen.

Verquirlen Sie die Sahne mit dem Eigelb und rühren Sie es hinein. Nehmen Sie den Topf vom Herd, denn nun darf die Suppe nicht mehr kochen. Schließlich wird mit Salz, Pfeffer, Petersilie und Majoran abgeschmeckt.

Kartoffeln

Suppen

Kürbiscremesuppe

- *Kürbis*
- *gekörnte Brühe oder Gemüsebrühe*
- *Crème fraîche, Schmand oder saure Sahne*
- *Senf*
- *Meerrettich*
- *Kräutersalz*
- *Pfeffer aus der Mühle*
- *Zitronensaft*
- *Brotwürfel*
- *Distelöl*

Schneiden Sie das Kürbisfleisch in etwa 1 cm große Würfel, kochen Sie die Würfel in wenig Wasser weich. Pürieren Sie das Fruchtfleisch und gießen Sie mit gekörnter oder Gemüsebrühe auf. Lassen Sie alles kochen, bis es sämig ist.

Verfeinern Sie mit Crème fraîche, Schmand oder saurer Sahne. Geben Sie Senf und Meerrettich nach Geschmack dazu. Kräutersalz, Pfeffer und etwas Zitronensaft runden das Ganze ab.

Kürbiscremesuppe ist eine wahre Delikatesse, mit der Sie gleichzeitig auch etwas für Ihre Leber und gegen hohe Cholesterinwerte tun können.

Und was gibt's dazu?

Mit in Distelöl gerösteten Vollkornbrotwürfeln wird aus der nahrhaften Suppe ein komplettes Essen.

TIPP: *Wenn sie noch Kürbis übrig haben, können Sie ihn süß-sauer einmachen oder ihn auch einfrieren. Ich blanchiere das Fruchtfleisch vor dem Einfrieren.*

Lauchsuppe mit Chicorée

- *250 g Lauch*
- *250 g Chicorée*
- *Distelöl*
- *3/8 l Milch*
- *1/4 l gekörnte oder Gemüsebrühe*
- *Kräutersalz*
- *Pfeffer aus der Mühle*

- *2 Scheiben Vollkornbrot*
- *Distelöl*

Lauch und Chicorée werden in Ringe geschnitten und in Distelöl in einem Topf kurz glasig gebraten. Dann gibt man die Milch und die Gemüsebrühe dazu. Die Suppe nun fünf Minuten lang bei schwacher Hitze köcheln lassen. Zum Schluss wird mit Kräutersalz und Pfeffer abgeschmeckt.

Parallel wird in einer Pfanne das in Würfel geschnittene Vollkornbrot in Distelöl knusprig gebacken.

Sie können die Brotwürfel über die Suppe streuen, aber auch extra reichen.

◄ Ich verwende von Kürbissen gerne das Fleisch, es ist sehr schmackhaft und gesund.

Löwenzahnsuppe

Für vier Personen

- *2 kleine Zwiebeln*
- *etwas Distelöl*
- *1 Esslöffel Dinkelmehl*
- *¾ l gekörnte Brühe*
- *150 g frische Löwenzahnblätter*
- *½ Tasse Weißwein*
- *Honig*
- *Sahne*
- *Kräutersalz*
- *Pfeffer aus der Mühle*

- *Vollkornbrotwürfel*
- *Distelöl*

Dünsten Sie die gewürfelten Zwiebeln im erhitzten Distelöl. Geben Sie das Mehl darüber, gut umrühren und dann die gekörnte Brühe dazuschütten. Bringen Sie alles zum Kochen. Danach werden die gewaschenen Löwenzahnblätter grob zerkleinert und zusammen mit Weißwein in die kochende Suppe gegeben. Wenige Minuten mitkochen. Pürieren Sie die Suppe und lassen Sie sie nochmals aufkochen. Geben Sie Honig, Sahne, Kräutersalz und Pfeffer dazu.

Und was gibt es dazu?

Auch hierzu passt in Distelöl geröstetes Vollkornbrot.

Karottensuppe mit Zucchini

- *250 g Karotten*
- *250 g Zucchini*
- *Distelöl*
- *1 Zwiebel*
- *½ Liter gekörnte oder Gemüsebrühe*
- *¼ l Milch*
- *Kräutersalz*
- *Pfeffer aus der Mühle*

- *Kürbis- oder Sonnenblumenkerne*

Schneiden Sie die geschälten Karotten und die gewaschenen Zucchini in Scheiben. Die Zucchini-Scheiben müssen dicker sein als die Möhrenscheiben, weil sie schneller gar werden.

Geben Sie Öl in einen Topf und braten Sie die kleingeschnittene Zwiebel glasig. Dann kommt das Gemüse dazu, kurz mitbraten, und dann mit der Brühe und Milch aufgießen. Zugedeckt bei schwacher Hitze etwa fünf Minuten lang köcheln lassen. Mit Salz und Pfeffer abschmecken

Auf dem Teller wird die Suppe mit Kürbis- oder Sonnenblumenkernen garniert.

HINWEIS: *Kürbiskerne sind ein hervorragendes Mittel gegen Prostataprobleme.*

Spargelsuppe

- *2 bis 3 Esslöffel Dinkelmehl oder gemahlene Hirse (Braunhirse)*
- *Distel- oder Sesamöl*
- *Wasser vom Spargelkochen*
- *eventuell einige Spargelstangen*
- *Kräuter nach Wahl*

- *Vollkornbrotwürfel*
- *Distelöl*

Stellen Sie aus dem Öl und dem Mehl beziehungsweise der Hirse eine Einbrenne (Mehlschwitze) her. Gießen Sie mit dem Wasser vom Spargelkochen auf. Sie können ruhig einige der Spargelstangen, auch püriert, drinnen lassen. Das schmeckt dann noch besser. Lassen Sie das Ganze so lange aufkochen, bis es etwas dick wird. Nehmen Sie die Suppe vom Herd und geben Sie die Kräuter dazu. Servieren Sie mit gerösteten Vollkornbrotstückchen.

Für die Gesundheit

- **Eine Suppe aus Spargelwasser hilft Ihnen gesund und leicht zu entschlacken.**
- **Spargel entwässert, treibt den Harn und reinigt das Blut.**
- **Auch bei Harnwegsinfektionen kann Spargel die Heilung unterstützen.**

Suppen

Eine ausgezeichnete Tomatensuppe

- *500 g Tomaten*
- *2 bis 3 Lorbeerblätter*
- *6 Nelken*
- *Schale einer unbehandelten Zitrone*
- *frische Petersilie*
- *1 Zwiebel*
- *2 Esslöffel Dinkelmehl*
- *gekörnte Brühe oder Gemüsebrühe*
- *½ Becher Sahne oder Schmand*
- *frisch gemahlener Pfeffer*
- *Kräutersalz*
- *Muskat*
- *Schnittlauch*

- *Brotwürfel*
- *Distelöl*

Die Tomaten werden gewaschen und mit einem weichen Tuch abgetrocknet. Vierteln Sie sie dann und geben Sie sie in einen Topf. Mit hinein kommen zwei bis drei Lorbeerblätter, sechs Nelken, die Schale einer unbehandelten Zitrone und kleingehackte, frische Petersilie.

Nun gießen Sie Wasser dazu, aber nur so viel, dass alles gerade so bedeckt ist. Die Tomaten werden zusammen mit der in Scheiben geschnittenen oder gewürfelten Zwiebel weichgekocht. Rühren Sie anschließend etwa zwei Esslöffel Dinkelmehl ein und vermischen Sie alles gut. Nicht mehr aufkochen lassen.

Jetzt wird das Ganze durch ein Sieb in einen anderen Topf gestrichen. Dazu geben Sie gekörnte Brühe oder Gemüsebrühe und Sahne oder Schmand. Als Würze empfehle ich Pfeffer, Kräutersalz und Muskat. Kurz aufkochen lassen. Fertig.

Und was gibt's dazu?

Sehr gut passen geröstete Brotwürfel und Schnittlauch dazu, die auf die Suppe gestreut werden, wenn sie bereits in die Teller gefüllt worden ist.

Für die Gesundheit

- **Tomaten unterstützen den Fettabbau und helfen bei Arterienverkalkung sowie bei Leberproblemen.**

Zwiebelsuppe

Für sechs Personen

- *Distelöl*
- *1 kg Zwiebeln*
- *30 g Dinkelmehl*
- *2 l gekörnte Brühe oder Gemüsebrühe*
- *¼ l Weißwein*
- *Oregano*
- *Echter Thymian*
- *1 Messerspitze zerstoßener Echter Salbei*
- *1 Messerspitze zerstoßener Rosmarin*
- *Salz*
- *Pfeffer aus der Mühle*
- *6 Scheiben Vollkornbrot*
- *Distelöl*
- *eventuell 6 Esslöffel Emmentaler*

Erhitzen Sie in einem Suppentopf das Öl und dünsten Sie darin die in Ringe geschnittenen Zwiebeln, bis sie glasig sind. Bestäuben Sie das Ganze mit 30 g Dinkelmehl und füllen Sie mit Brühe und Weißwein auf. Geben Sie nun Kräuter, Salz und Pfeffer hinein und lassen Sie alles etwa 30 Minuten köcheln.

Und was gibt´s dazu?

Geröstetes Vollkornbrot passt sehr gut, wenn Sie wollen auch geröstetes Weißbrot. Wenn gewünscht, kann man geriebenen Emmentaler über jeden Teller geben.

Es gibt viele heilkräftige Gewürze, die ich in meiner Küche häufig verwende.

Salate

Eine gute Salatsoße

- *kaltgepresstes Öl*
- *Balsamico-Essig*
- *Senf (grobkörnig)*
- *Meerrettich*

Mischen Sie Öl und Essig gut miteinander. Geben Sie nach persönlichem Geschmack Senf und Meerrettich dazu. Sprechen Sie schon bei der Zubereitung ein Gebet und ebenso, wenn Sie die Soße über den Salat geben.

TIPP: *Ich nehme gerne Distelöl, weil es relativ geschmacksneutral ist und viel Vitamin E enthält. Auch Sonnenblumenöl ist empfehlenswert. Es ist wichtig, dass die Öle kaltgepresst beziehungsweise schonend gepresst wurden.*

Salat gegen Blähungen

- *Chicorée oder Endivien*
- *Löwenzahnblätter, die nicht größer als 8 cm sind*

Waschen Sie den Salat und die Löwenzahnblätter gut. Es ist wichtig, dass man kaltes Wasser zum Waschen nimmt, denn warmes Wasser zerstört die Bitterstoffe, die so gut für die Galle sind. Blähungen kommen oft von der Galle. Wenn man dem Körper genügend Bitterstoffe zuführt, können sie von alleine verschwinden. Schneiden Sie die Salatblätter klein und richten Sie sie mit einer guten Salatsoße Ihrer Wahl an.

Für die Gesundheit

Einmal hatte ich einen Anruf: „Ich habe solche Blähungen. Und Löwenzahn gibt es noch nicht." Man kann alternativ Chicorée oder Endivien essen. Diese beiden Salate haben auch die Bitterstoffe, die der Galle so gut tun. Vor allen Dingen: Diese Salate nie warm waschen, denn dann werden die Bitterstoffe vernichtet und somit gehen diese Heilkräfte verloren.

Kartoffelsalat, bayrisch

Für vier Personen

- *800 g Kartoffeln (festkochende)*
- *1 bis 2 Zwiebeln*
- *eine halbe Salatgurke*

für die Soße:

- *eine halbe Tasse Gemüsebrühe*
- *etwas Kräuteressig*
- *etwas Distelöl*
- *Senf*
- *Kräutersalz*
- *Pfeffer aus der Mühle*
- *Kräuter der Saison (Bärlauch, wer ihn hat, er rundet ab)*
- *2 Tomaten*

Kochen Sie die Kartoffeln gar und schälen Sie sie ab. Abkühlen lassen und in Scheiben schneiden. Würfeln Sie die Zwiebeln und die Gurke. Mischen Sie eine Soße aus der Brühe, Essig, Öl, Senf, Kräutersalz und Pfeffer. Schneiden Sie die Kräuter klein und mischen Sie sie gemeinsam mit der Soße mit den Kartoffeln.
Lassen Sie den Salat 10 bis 20 Minuten ziehen und garnieren Sie ihn mit den in Achtel geschnittenen Tomaten.

TIPP: *Anstatt der Kartoffeln können Sie auch mal Naturreis oder Vollkornnudeln vom Vortag verwenden.*

Mein Karottensalat

- *2 bis 4 Karotten*
- *kaltgepresstes Öl oder Sahne*

für die Variation zusätzlich

- *1 Zwiebel*
- *1 Apfel oder Apfelsaft*
- *1 Esslöffel Blütenhonig*

Das nachfolgende Rezept hat sich schon sehr oft bewährt: Reiben Sie zwei bis vier Karotten grob auf und vermischen Sie den Salat mit einigen Tropfen eines kaltgepressten Öls oder Sahne. Letzteres können Sie nicht entfallen lassen, weil unser Körper ohne Fett das in den Karotten enthaltene Betacarotin nicht aufnehmen kann.

Essen Sie von diesem Salat immer einmal wieder ein paar Gabeln voll über den Tag verteilt. Geben Sie schon bei der Zubereitung Ihre Energie mit in die Speise. So wird sie um ein Vielfaches heilkräftiger.

Für die Gesundheit
- **gut für Augen, Haut, Knochen**
- **hilft Magen und Darm**

Variationsmöglichkeit: Reiben Sie eine Zwiebel fein auf und geben Sie sie an den Karottensalat. Zusätzlich wird ein Apfel oder etwas Apfelsaft und ein Esslöffel Blütenhonig untergemischt.

Für die Gesundheit, zusätzlich zu links unten
- **bei Gicht und Rheuma**
- **bei niedrigem Blutdruck**

Löwenzahn
(*Taraxacum officinale* agg.)

Löwenzahnsalat zur Frühlingskur

- *eine Hand voll 6 bis 8 cm große Löwenzahnblätter*
- *Salatsoße nach Ihrem Geschmack*

Pflücken Sie etwa ab Anfang März täglich frisch eine Hand voll sechs bis acht Zentimeter große Löwenzahnblätter. Waschen Sie sie und geben Sie sie in eine Salatsoße.

Dann warten Sie eine Stunde und nehmen Sie sie vor dem Mittagessen zu sich. Machen Sie diese Frühlingskur etwa vier Wochen lang.

Für die Gesundheit
- **reinigt das Blut und fördert die Blutbildung**
- **hilft bei Magen-Darm- und Galle-Problemen**
- **hilft bei Blähungen**
- **bei Rheuma, Krampfadern, Fettleibigkeit**

Salate

Salat bei Nierenproblemen

- *300 g rote Zwiebeln*
- *300 g geschälte Sellerieknolle*
- *300 g geschälte Möhren*
- *eine halbe Zitrone*
- *100 g guten Honig*
- *50 g geschälte Ess-Kastanien (Maronis, roh) oder Ess-Kastanienmehl*

Das Gemüse wird zerkleinert, gerieben oder gehackt. Geben Sie alles zusammen in eine Schüssel und vermischen Sie es gut miteinander. Dann den Saft einer halben Zitrone darüber geben und wieder vermengen.

Nun den Honig und die aufgeriebenen Ess-Kastanien dazumischen. Falls man keine Ess-Kastanien bekommt, kann man auch Ess-Kastanienmehl verwenden.

Am wirksamsten ist es, wenn man von dem Salat jeweils eine viertel Stunde vor den Mahlzeiten ein Schälchen voll isst. Der Rest muss im Kühlschrank kalt gestellt werden. Die Behandlung etwa eine Woche lang täglich vornehmen und in der zweiten Woche nur noch ein oder zwei Tage lang.

Für die Gesundheit

- **hilft unterstützend bei Nierenleiden**

WICHTIG: *Wenn Sie Probleme mit Ihren Nieren haben, müssen Sie erst einmal den Arzt aufsuchen.*

Möhre

Rote-Bete-Salat

- *Rote Bete*
- *1 Zwiebel*
- *Kräuteressig, Meersalz, Maggi*

Schneiden Sie das Spitzerl und an der gegenüberliegenden Seite die raue Schale ab, dann bürsten sie die Rübe, damit alles sauber ist. Anschließend kochen Sie die Rüben gut bedeckt mit Wasser, die Brühe nicht wegschütten. Schälen Sie die Rüben ab, reiben sie die Rüben und eine Zwiebel mit dem Gurkenhobel. Würzen Sie mit Kräuteressig, Maggi und Meersalz nach Geschmack. Gießen Sie die Brühe über die Rüben, sie bekommen durch die Säure einen besonderen Geschmack. Verwenden sie beim Salat aus Roten Beten kein Salatöl.

Für die Gesundheit

- **blutbildend**

TIPP: *Trinken Sie die Brühe zum Schluss schluckweise. Damit tun sie Ihrem Blut, Ihrem Immunsystem und Ihrem niedrigen Blutdruck etwas Gutes. Bei zu hohem Blutdruck sollten Sie nicht zu viel von der Brühe trinken. Um gesund zu bleiben, sollten Sie mindestens einmal pro Woche Gerichte oder Saft von Roten Rüben genießen.*

Rote-Bete-Salat mit Hirse

- *½ bis 1 Rote Bete*
- *Distelöl*
- *Kräutersalz*
- *gemahlene Braunhirse (oder Ess-Kastanienmehl)*

Schälen Sie die Rote Bete und reiben Sie sie dann mit dem groben Reibeisen auf. Dünsten Sie das Gemüse mit etwas Öl kurz an. Gewürzt wird mit Kräutersalz. Man mischt die gemahlene Braunhirse oder das Ess-Kastanienmehl (etwas süßlich) zum Schluss unter.

Für die Gesundheit

- **blutbildend**
- **gut für Haut und Haare**
- **gut für die Darmflora**

Salat für den Sommer

- *Kopfsalat*
- *Gurke*
- *Tomaten*
- *Löwenzahnblättchen (6 bis 8 cm lang)*

Die Salatzutaten gut waschen. Schneiden Sie alles nach Wunsch klein. Alles kommt zusammen in eine Schüssel und wird gut miteinander vermischt. Geben Sie Ihre Lieblingssalatsoße darüber. Fertig.

Salat mit Wildkräutern

- *Bärlauch*
- *junge Löwenzahnblätter (6 bis 8 cm lange Blättchen, nicht länger)*
- *Gänseblümchenblüten und -blätter*
- *junge Brennnesselblätter*
- *junge Spitzwegerichblätter*
- *zusätzlich Kopf- oder Schnittsalat*

Für die Soße:

- *1 Teelöffel Senf*
- *1 Teelöffel Meerrettich*
- *Kräuteressig*
- *kaltgepresstes Distel- oder Sonnenblumenöl*

Waschen Sie die Kräuter und zerkleinern Sie sie. Geben Sie gewaschene Salate nach eigener Wahl dazu, wie zum Beispiel Schnittsalat. So haben Sie eine Schüssel geballte köstliche Gesundheit. Für die Soße vermischen Sie einen Teelöffel Senf und einen Teelöffel Meerrettich mit Kräuteressig und einem kaltgepressten Öl Ihrer Wahl.

TIPP: *Nach den Wintermonaten ist der Wildkräutersalat, der gut für die Galle ist und bei Blähungen hilft, eine wahre Wohltat. Senf ist gut für die Leber. Meerrettich empfiehlt sich bei zu hohen Cholesterinwerten. Außerdem wirkt er harntreibend sowie verdauungsfördernd und ist gut für die Atmung.*

Salat mit Zwiebeln und Orangen

Für vier Personen

- *300 g rote Zwiebeln*
- *4 Orangen*
- *einige schwarze Oliven*

Für die Soße:

- *Distelöl*
- *Essig*
- *Salz*
- *brauner Zucker*

Die roten Zwiebeln werden geschält und in Scheiben geschnitten. Die Orangen werden ebenfalls geschält und etwas klein geschnitten. Mischen Sie die Zwiebeln und die Orangen mit den Oliven in einer Schüssel und übergießen Sie alles mit einer Salatsoße aus Distelöl, Essig, Salz und Zucker. Lassen Sie den Salat 30 bis 40 Minuten lang an einem kühlen Ort ziehen.

TIPP: *Ziehen Sie auf der Fensterbank selbst ihre Keimlinge, zum Beispiel aus Linsen, Soja, Senfkörnern, Dinkel und Kresse. Daraus erhalten Sie Enzyme, Eiweiß und Eisen. Sie können die Keimsprossen so auch mitten im Winter ernten. Bereits fertige Packungen zum Ansetzen gibt es im Reformhaus oder im Gartencenter.*

Salate

Rotkrautsalat

Für vier Personen

- *½ Rotkohl*
- *1 kleine rote Zwiebel*
- *½ l kochendes Wasser*
- *1 säuerlicher Apfel*
- *4 Esslöffel Kräuteressig*

Für die Soße:

- *Distelöl*
- *brauner Zucker*
- *Kräutersalz*
- *Pfeffer aus der Mühle*

Brühen Sie den in sehr feine Streifen geschnittenen Rotkohl und die geschälte, klein geschnittene Zwiebel in einer Schüssel mit ½ l kochend heißem Wasser ab und lassen ihn gut abtropfen. Der klein gewürfelte Apfel wird dazugegeben und alles mit vier Esslöffeln Rotweinessig begossen. Mischen Sie den Salat gut durch und lassen ihn fünf bis zehn Minuten lang ziehen.

Ich empfehle dazu eine Soße aus Distelöl, Zucker, Kräutersalz und Pfeffer. Geben Sie die Soße darüber und mischen Sie dann alles nochmals gut durch.

Für die Gesundheit

› **reinigt den Darm**

Weißkrautsalat

- *1 Weißkohl*
- *kochendes Wasser*
- *Kümmel*
- *Kräutersalz*
- *5 bis 6 Esslöffel Kräuteressig*
- *1 Zwiebel*
- *gerösteter Speck*

Rösten Sie den Speck. Der Kohl wird halbiert und der Strunk entfernt.

Schneiden Sie ihn nun in feine Streifen oder reiben Sie ihn mit dem Hobel. Geben Sie die Streifen in einen Topf und übergießen Sie sie mit kochendem Wasser. Nehmen Sie so viel Wasser, dass der Kohl gerade bedeckt ist. Das Wasser wird sofort danach über ein Sieb abgegossen.

Nun kommt ein Teelöffel Kümmel, Kräutersalz nach Wunsch, fünf bis sechs Esslöffel Kräuteressig und das Fett vom gerösteten Speck sowie der Speck dazu. Schließlich wird noch eine fein geschnittene Zwiebel dazugegeben.
Alles wird zum Schluss gut vermischt und muss nun etwa eine Stunde ziehen. Danach ist der Salat fertig. Servieren Sie ihn mit geröstetem Speck.

TIPP: *Ich verwende in der Regel keine Zitrone für meine Salate, sondern Essig. Oftmals hört man, dass Essig schlecht sei: Ein Tropfen Essig, ein Tropfen Blut. Ich kann das nicht bestätigen. Eher ist das Gegenteil der Fall. Ich trinke täglich einen Apfelessig-Trunk (siehe Seite 80). Nach meiner Erfahrung kann Essig den Knochen sogar im Alter wieder aufbauen.*

Weißkohl und rote Zwiebeln

Kohl ist ein sehr gesundes Wintergemüse, das ich vielfältig verwende.

Hauptgerichte

Apfelknödel

Für vier Personen

- *1 kg Äpfel*
- *250 g geriebene Haselnüsse oder Walnüsse*
- *Distelöl*
- *50 g Rosinen*
- *250 g Löffelbiskuits*
- *Saft von einer ½ Zitrone*
- *Zimt*
- *Nelkenpulver*
- *3 Eigelb*

- *Frittierfett*
- *Zimt und Zucker und/oder Fruchtsoßen nach Geschmack*

Die Äpfel werden geschält und gewürfelt. Die Apfelschalen werden später getrocknet und können für Apfelschalentee verwendet werden. Rösten Sie die geriebenen Nüsse in der Pfanne mit etwas Öl leicht an und vermischen Sie sie in einer Schüssel mit den Äpfeln, Rosinen, zerbröselten Löffelbiskuits, Zitronensaft, etwas Zimt und Nelkenpulver sowie dem Eigelb. Nun formen Sie die Apfelmasse zu kleinen Knödeln und backen Sie die Knödel im Frittierfett schwimmend sechs bis acht Minuten aus.

Und was gibt's dazu?
Mit Zimt und Zucker und einer selbstgemachten Sauce aus Heidelbeeren oder Himbeeren sind frittierte Apfelknödel ein schmackhaftes Mittagsgericht.

TIPP: *Löffelbiskuits zerbröseln: in einen Gefrierbeutel füllen, gut verschließen und mit einem Nudelholz plattwalzen.*

Geröstete Birkenblätter

- *junge Birkenblätter*
- *Distelöl*
- *Kräutersalz*
- *Gemüsegratin – wie auf Seite 53 beschrieben*

Die jungen Blättchen der Birken kann man in Öl in der Pfanne rösten. Zum Schluss wird mit Kräutersalz gewürzt. Streuen Sie sie über das Gratin, das auf Seite 53 beschrieben ist.

Alternative: Die Birkenblätter schmecken außerdem in Suppen und Gemüsegerichten. Auch im Salat schmeckt das ganz fein.

Ich schätze die Heilwirkung der Birke ▶ sehr und verwende sie deshalb oft.

Gebackene Birkenblätter

- *junge Birkenblätter*
- *Butter*

Etwa im Mai, wenn der Baum gerade ausgetrieben hat, streife ich die jungen, noch klebrigen Blätter von den Zweigen ab.

Diese jungen Blätter backe ich in einer unbeschichteten Eisenpfanne (es geht natürlich auch jede andere) in Butter knusprig und gebe sie wie ein Gewürz über Nudeln, Kartoffeln, Gemüse, Salate, Suppen oder Aufläufe. Sie schmecken etwas herb, sind aber nicht bitter und ich mag sie sehr.

Geröstete Brennnessel – eine Delikatesse

- *junge Brennnesseln*
- *Distelöl*

- *Nudeln oder Bratkartoffeln*
- *geriebener Käse*
- *geröstete Zwiebeln*
- *Salate der Saison*

Sammeln Sie junge Brennnesseln. Schütteln Sie sie aus, dass Insekten und anderes herausfällt. Schneiden Sie sie klein. Geben Sie die klein geschnittenen Brennnesseln in das in der Pfanne erhitzte Öl. Nach Wunsch können sie weich oder knusprig gebacken werden.

Kochen Sie dazu Nudeln oder bereiten Sie Bratkartoffeln zu. Die Brennnesseln werden damit vermischt. Streuen Sie anschließend nach Belieben geriebenen Käse und geröstete Zwiebeln darüber. Sie haben alles, was Ihr Körper braucht für diesen Tag – ein Fünf-Sterne-Essen.

Und was gibt's dazu?
Es passen Salate der Saison.

TIPP: *Maria Treben sagte bereits, dass die Brennnessel die Königin der Heilkräuter ist. Ich gebe ihr Recht. Die Brennnessel enthält Kalzium, Magnesium, Eisen, Phosphor und Chlorophyll. Ab April sollten Sie täglich Brennnesseln essen.*

Große Brennnessel (*Urtica dioica*)

Gebackene Brennnesselspitzen

- *Brennnesselspitzen*
- *Distelöl*
- *Kräutersalz*

Dafür pflücke ich die Spitzen der Pflanze, schüttele sie, dass die Insekten rausfallen und schneide sie klein.

Dann backe ich sie in einer Pfanne in Distelöl richtig knusprig, ähnlich wie geröstete Zwiebeln. Dann noch Kräutersalz dazugeben.

Das schmeckt köstlich zu vielen Speisen und ist sehr gesund.

Und was gibt's dazu?
Ich liebe Brennnesseln als Beilage zu Kartoffeln pur oder zu Kartoffelpüree, zu Nudeln, Gemüse, Suppe oder zum Salat.

Hauptgerichte

Brokkoli in Bierteig gebacken

Für den Teig:
- *Dinkelmehl*
- *Bier*
- *Ei*
- *Kräutersalz*
- *Pfeffer aus der Mühle*
- *etwas Muskat*
- *Zitronensaft*

- *Brokkoli*
- *Butterschmalz oder Öl*

- *Kartoffelbrei mit gerösteten Zwiebeln*

Bereiten Sie einen Teig zu wie für Pfannkuchen. Doch statt Milch oder Wasser nehmen Sie Bier, Sie können auch alkoholfreies Bier verwenden. Würzen Sie den Teig mit Kräutersalz, wenig Pfeffer, Muskat und ein bisschen Zitronensaft. Der Teig darf ruhig etwas flüssig sein.

Zerkleinern Sie den Brokkoli, waschen Sie die Röschen gut in Salzwasser, trocknen Sie sie mit Küchenkrepp ab. Dann tauchen Sie die Röschen in den Bierteig. Erhitzen Sie Butterschmalz oder Öl in einem hohen Topf oder einer Friteuse und backen Sie die Röschen heraus. Sie dürfen ruhig innen noch roh sein und Biss haben.

Und was gibt's dazu?
Zu Brokkoli im Bierteig sollten Sie Kartoffelbrei mit gerösteten Zwiebeln servieren.

HINWEIS: *Brokkoli macht ausgeglichen und zufrieden. Man sagt ihm nach, dass es uns vor Krebs schützt. Essen Sie öfters kleinere Mengen.*

Brokkoli-Auflauf

- *Brokkoli*
- *Distelöl*
- *Dinkel- oder Kastanienmehl*
- *Kräutersalz*
- *Pfeffer aus der Mühle*
- *etwas Muskat*
- *Zitronensaft*
- *Crème fraîche oder Schmand*
- *geriebener Käse zum Überbacken*

Zerteilen und waschen Sie das Gemüse, kochen Sie es drei Minuten in Salzwasser, nehmen Sie es heraus und legen es in eine mit Öl bepinselte Reine (flacher Kochtopf oder Auflaufform). Die Brühe aufbewahren.

Bereiten Sie aus Öl und Dinkel- oder Kastanienmehl eine Mehlschwitze, gießen Sie mit der Brokkoli-Brühe auf. Würzen Sie mit Kräutersalz, Pfeffer, Muskat und Zitronensaft. Geben Sie Crème fraîche oder Schmand hinein. Übergießen Sie damit den Brokkoli, sodass alles gut bedeckt ist.

Streuen Sie geriebenen Käse darüber und geben Sie die Reine ungefähr 30 Minuten in den vorgeheizten Backofen.

◀ Brokkoli ist ein sehr gesundes Gemüse, das sich leicht zubereiten lässt.

Brotpflanzerl

- *altes Brot oder Brotrinde*
- *Milch oder Wasser*
- *1 Zwiebel*
- *1 Ei*
- *Kräutersalz*
- *Pfeffer aus der Mühle*
- *etwas Muskat*
- *Meerrettich*
- *Senf*
- *Wildkräuter der Saison*
- *Petersilie*
- *Sesam*
- *Frischkäse oder Tofu*
- *kaltgepresstes Distel- oder Sonnenblumenöl*

- *Wildkräutersalat oder Salat der Saison*

Das alte Brot wird in Milch oder Wasser eingeweicht. Wenn es richtig weich ist, kneten Sie die Masse gut durch.

Zerkleinern Sie eine Zwiebel und geben Sie sie zusammen mit dem Ei in die Masse.
Gewürzt wird mit Kräutersalz, Pfeffer, etwas Muskat, Meerrettich und Senf. Nun kommen noch kleingeschnittene Wildkräuter und Petersilie dazu, außerdem Frischkäse oder Tofu.
Gut und gesund ist auch der Sesam, von dem man einfach etwas mit hineinmischt.

Erhitzen Sie in einer Bratpfanne etwas Öl. Formen Sie währenddessen aus dem Teig Plätzchen. Sie kommen in das heiße Öl und werden von beiden Seiten knusprig gebacken.

Und was gibt's dazu?

Servieren Sie die Brotpflanzerl mit Wildkräutersalat oder Salaten der Saison.

Gemüsegratin

- *Gemüse nach Wahl, zum Beispiel Brokkoli, Zucchini, Stangensellerie, Möhren*
- *Distelöl*
- *Tomaten aus der Dose*
- *etwas Meerrettich*
- *Crème fraîche*
- *Meersalz*
- *Gewürze nach Wahl*

- *Käse zum Überbacken*

Das gewaschene, geputzte und zerkleinerte Gemüse wird mit kochendem Wasser übergossen und einmal kurz aufgekocht. Ich sage immer: „Das Gemüse muss in Form bleiben." Dann kommt es in eine Backreine (flache, feuerfeste Form). Tomaten (geviertelt), Meerrettich, Crème fraîche, Salz und Gewürze werden miteinander vermischt und über das Gemüse gegeben. Dann gibt man die Reine in den vorgeheizten Ofen und lässt das Gericht im Ofen gar werden.

Alternativ können Sie das Gratin mit Käse überbacken.

Und was gibt's dazu?

Servieren Sie das Gratin mit Salzkartoffeln oder Kartoffelbrei, Rösti oder Bratkartoffeln.

TIPP: *Wenn bei uns von einem Gemüsegericht etwas übrigbleibt, dann koche ich daraus am nächsten Tag eine dicke Gemüsesuppe.
Versuchen Sie aber immer, nur so viel zu kochen, wie Sie und Ihre Familie auf einmal aufessen können. Denn beim Wiederaufwärmen am nächsten Tag gehen wieder Vitamine verloren, und es ist besser eine Gemüsesuppe frisch zu kochen als aus schon einmal gekochten Zutaten. Trotzdem sollte man die Reste nicht wegwerfen, sondern sie zu einem leckeren Gericht verarbeiten.*

Hauptgerichte

Gemüse-Rindfleisch-Pfanne

Für vier bis sechs Personen

- *800 g Rindfleisch*
- *400 g Zwiebeln*
- *Distelöl*
- *1 Esslöffel Paprikapulver*
- *Salz, Pfeffer, Majoran*
- *¼ l Fleischbrühe*
- *1 große Dose geschälte Tomaten*
- *3 Paprikaschoten*
- *400 g Kartoffeln*
- *einige Oliven*
- *⅛ l Rotwein*

Schneiden Sie das Rindfleisch und die Zwiebeln in Würfel. Bräunen Sie die Zwiebeln in heißem Öl in einer großen Pfanne oder einem Schmortopf. Geben Sie die Fleischwürfel hinzu, braten Sie sie an und würzen Sie alles mit einem Esslöffel Paprikapulver, Salz, Pfeffer und Majoran. Gießen Sie mit der heißen Fleischbrühe auf und lassen Sie das Fleisch zugedeckt 40 Minuten lang schmoren.
Nun werden die geschälten Tomaten geachtelt, Paprika und Oliven in Streifen und die geschälten Kartoffeln in Würfel geschnitten. Geben Sie das Gemüse zum Rindfleisch hinzu, gießen Sie mit Rotwein auf und lassen alles 20 Minuten lang schmoren.

Gemüsetopf

Für vier Personen

- *1 große Zwiebel*
- *Öl*
- *375 g Möhren*
- *⅛ l Fleischbrühe*
- *1 große Dose dicke Bohnen*
- *750 g Äpfel*
- *Salz, Pfeffer*
- *½ Esslöffel Rosmarin*
- *eine Prise brauner Zucker*
- *Öl*
- *400 g Hackfleisch*
- *1 Ei*
- *Salz und Pfeffer aus der Mühle*
- *Semmelbrösel*

Die Gemüse-Rindfleisch-Pfanne ist ein herzhaftes Pfannengericht.

Dünsten Sie die gehackten Zwiebeln in etwas Öl an, geben Sie die geputzten und in Scheiben geschnittenen Möhren und die Fleischbrühe hinzu. Das Ganze muss nun zehn Minuten lang schmoren.

Geben Sie dann die Bohnen und nach weiteren zehn Minuten die geschälten und geachtelten Äpfel hinzu. Schmecken Sie mit Salz, Pfeffer, ½ Esslöffel Rosmarin und einer Prise Zucker ab.

Vermengen Sie dann das Hackfleisch mit Ei, Salz, Pfeffer und Semmelbrösel und formen Sie daraus kleine Klößchen. Geben Sie sie in kochendes Salzwasser und lassen Sie sie darin acht Minuten lang ziehen. Dann kommen die Hackfleischklößchen zu dem fertigen Gemüsetopf und alles kann serviert werden.

TIPP: *Auch ohne Hackfleischklößchen schmeckt dieser herzhafte Eintopf sehr gut! Man kann die Äpfel auch gegen kleingeschnittene, gewürfelte Kartoffeln austauschen.*

Gurke, gedünstet und gefüllt

- *Salatgurke*
- *Kräutersalz, Pfeffer*
- *Reis oder Hirse*
- *gekörnte Brühe*
- *1 Eigelb*
- *1 Zwiebel*
- *Kräuter der Saison*
- *Kräutersalz*
- *Pfeffer aus der Mühle*
- *etwas Muskat*
- *Meerrettich*
- *Senf*
- *Distelöl*
- *Zitrone*
- *saure Sahne oder Schmand*
- *geriebener Käse*
- *geröstete Zwiebeln*

Nehmen Sie die Gurke, die nicht geschält wird. Schneiden Sie die Gurke der Länge nach durch, schälen Sie mit einem Löffel das Weiche heraus und salzen und pfeffern Sie sie leicht. Es kommt neben die Gurken und wird mitgebacken.

Für die Füllung kochen Sie Reis oder Hirse in gekörnter Brühe weich und vermischen Sie es mit einem Eigelb, einer kleingehackten Zwiebel, Kräuter der Saison, Kräutersalz, Pfeffer, etwas Muskat, Meerrettich und Senf.

Füllen Sie die Gurke über den Rand mit der Mischung. Da der Deckel auch ausgehöhlt ist, müssen Sie die Mischung etwas auftürmen. Legen Sie den Gurkendeckel auf. Binden Sie die beiden Hälften mit einem Faden zusammen oder verwenden Sie dazu Zahnstocher.

Geben Sie die Gurke dann in eine mit Distelöl eingeriebene Backreine (flache, feuerfeste Form) und übergießen Sie sie mit gekörnter Brühe; würzen Sie mit Zitrone, etwas saurer Sahne oder Schmand. Streuen Sie geriebenen Käse und geröstete Zwiebeln darüber. Das ersetzt das Fleisch, liefert aber dennoch Eiweiß. Backen Sie die Gurke 20 Minuten im Backofen.

TIPP: *Wenn möglich, sollten Sie das Gemüse aus biologischem Anbau beziehen, da Sie die Schale unbedingt verwenden sollten. Hier geht es um hochwertige Inhaltsstoffe, die nicht verloren gehen dürfen.*

Leckeres Hähnchen

- *1 Hähnchen*
- *Salz und Pfeffer aus der Mühle*
- *Paprika*
- *1 Sträußlein Petersilie*

Würzen Sie das gewaschene und mit Küchenkrepp getrocknete Hähnchen von innen und außen und lassen Sie die Gewürze eine Stunde lang einziehen. Danach geben Sie die Petersilie hinein und das Hähnchen kommt in den vorgeheizten Backofen. Es wird ein bis anderthalb Stunden bei 190 Grad (Umluft) im Ofen gebacken.

Und was gibt's dazu?
Serviert wird mit Salzkartoffeln, Kartoffelbrei oder Semmelknödeln und Salaten der Saison.

TIPP: *Ich kaufe mein Fleisch direkt beim Bauern, der seine Tiere gut behandelt und liebevoll füttert. Außerdem gibt es Fleisch nur einmal in der Woche. Machen Sie Ihr Fleischgericht wieder zum Festmahl der Woche.*

◄ Die Petersilie hilft den Nieren, daher schätze ich dieses Küchenkraut als Würze zu vielen Gerichten.

Hauptgerichte

Hirsepflanzerl

- *Hirse*
- *gekörnte Brühe oder Gemüsebrühe oder den Sud von Essiggurken*
- *1 Zwiebel*
- *Petersilie*
- *Wildkräuter (z. B. Bärlauch, Brennnessel, Löwenzahnblätter)*
- *frisch gemahlener Pfeffer*
- *Kräutersalz*
- *1 Ei*
- *eventuell Kastanien- oder Roggenmehl*
- *kaltgepresstes Distel- oder Sonnenblumenöl*

Waschen Sie die Hirse gut und kochen Sie sie dann in Brühe. Sie können anstatt der Gemüsebrühe alternativ den Sud von Essiggurken nehmen und die Hirse darin kochen. Das verleiht der Hirse einen pikanten Geschmack.

Lassen Sie die Hirse 15 bis 25 Minuten kochen. Rühren Sie sie ab und zu um und achten Sie darauf, dass sie nicht anbrennt. Die Hirse muss richtig „batzig" werden, dann ist sie fertig. Lassen Sie sie nun abkühlen.

Schneiden Sie währenddessen eine Zwiebel und die Petersilie klein und geben Sie beides mit Pfeffer, Kräutersalz und den Wildkräutern zur Hirse. Heben Sie dann ein ganzes Ei unter. Kneten Sie die Mischung anschließend gut durch. Die Masse muss zum Schluss die Konsistenz von Fleischpflanzerl haben. Sollte sie zu weich sein, wird Kastanien- oder Roggenmehl daruntergemischt.

Formen Sie aus dem Hirseteig runde, flache Plätzchen. Erhitzen Sie das Öl in der Pfanne und geben Sie die Plätzchen hinein. Wenn die eine Seite kross ist, werden sie gewendet.

Meine Hirsepflanzerl schmecken und sind gut für die Haare.

Und was gibt's dazu?
Servieren Sie die Hirsepflanzerl mit Wildkräutersalat.

HINWEIS: *Hirse ist sehr gut für die Haare und die Fingernägel. Sie enthält unter anderem Phosphor, Kalium, Magnesium und Kieselsäure. Hirse baut die zerstörte Darmflora auf und reinigt das Blut. Deshalb sollten Sie zwei- bis dreimal pro Woche ein Hirsegericht auf den Tisch bringen.*

◄ Ein ganz besonderes Mehl wird aus den reifen Früchten der Ess-Kastanie hergestellt.

Kartoffel-Ei-Plätzchen mit Sauerkraut und Tomatensoße

Für drei bis vier Personen

Für die Soße:

- *250 g Sauerkraut*
- *2 Zwiebeln*
- *kaltgepresstes Distel- oder Sonnenblumenöl*
- *350 g Tomatenstücke im Saft (aus der Dose)*
- *etwas Schmand oder Sahne*
- *1 Bund Schnittlauch*
- *Kräutersalz, Pfeffer, Paprikapulver*
- *Senf*
- *1 Esslöffel Honig*

Für die Kartoffel-Ei-Plätzchen:

- *750 g mehlig kochende Kartoffeln*
- *2 Esslöffel Kapern*
- *2 Eier*
- *etwa 4 Esslöffel Dinkelmehl*
- *Kräutersalz*
- *Öl oder ein anderes Bratfett*
- *eventuell geriebener Käse*

Kochen Sie die Kartoffeln mit Schale gar. Dann werden sie geschält und durch die Presse gedrückt. Den Kartoffelbrei auskühlen lassen.

Schneiden Sie nun das Sauerkraut etwas kürzer und schneiden Sie die Zwiebeln in feine Würfel. Geben Sie die kleinen Zwiebelstücke in heißes Öl und dünsten Sie sie so lange, bis sie glasig sind. Dann geben Sie das Sauerkraut in die Pfanne und dünsten es ganz kurz mit. Nun kommen die Tomatenstücke mit dem Saft dazu.

Wenn alles heiß ist, wird nach Belieben etwas Schmand oder Sahne dazugegeben. Abschließend hebt man geschnittenen Schnittlauch unter und schmeckt mit Salz, Pfeffer, Senf, einem Esslöffel Honig und etwas Paprikapulver ab.

Der Kartoffelbrei wird mit den gehackten Kapern, den beiden Eiern, etwa vier Esslöffeln Mehl und Kräutersalz nach Geschmack gut vermengt. Es entsteht ein kompakter Teig, aus dem Sie eine 7 bis 8 cm dicke Rolle formen. Die Rolle wird in etwa 1 cm dicke Scheiben geschnitten und in heißem Öl in einer Pfanne durchgebraten. Sie können den Teig auch mit einer Schöpfkelle oder einem Esslöffel portionieren, in die Pfanne geben und etwas flachdrücken.

Und was gibt's dazu?

Die Kartoffel-Plätzchen serviert man mit der Sauerkraut-Tomatensoße. Wenn man will, kann man über die Soße geriebenen Käse oder Kräuter der Saison streuen.

Kartoffelpüree mit Meerrettich

- *500 g Kartoffeln*
- *50 ml Milch*
- *Butter*
- *1/8 l Schlagsahne*
- *50 g feingeriebener Meerrettich*
- *1 bis 2 Zwiebeln*
- *Brennnesselblätter*
- *Distelöl*

Kochen Sie Salzkartoffeln ganz weich und drücken Sie sie durch die Presse. Zum Kartoffelbrei kommen die heiße Milch und etwas Butter. Vermischen Sie die drei Zutaten gut miteinander. Heben Sie den mit geschlagener Sahne vermengten Meerrettich unter den Kartoffelbrei.

Rösten Sie nun die kleingeschnittenen Zwiebeln und die Brennnesselblätter in etwas Öl. Das kommt darüber und fertig ist ein wunderbares Essen.

Und was gibt's dazu?

Im Sommer passt Wildkräutersalat dazu, im Winter Krautsalat, Salat aus Roter Bete oder Selleriesalat. Sie können auch Fleisch dazu reichen. Ich verwende als Eiweißspender gerne Tofu aus dem Naturkostladen oder Reformhaus.

Hauptgerichte

Kartoffelschmarrn (Bröslhaber, Arme-Leute-Gericht)

- *gekochte Kartoffeln vom Vortag*
- *Dinkelmehl*
- *Salz*
- *Distelöl*

Gekochte Kartoffeln vom Vortag werden geschält und mit dem groben Reibeisen aufgerieben. Vermischen Sie die geriebenen Kartoffeln mit Dinkelmehl. Achten Sie darauf, dass die Masse trocken ist. Geben Sie Salz nach Bedarf dazu. Lassen Sie alles nicht zu lange stehen, da sie sonst Feuchtigkeit zieht und zu klebrig wird.

Erhitzen Sie Distelöl in einer Pfanne und geben Sie einen Teil der Kartoffelmasse, die Sie mit den Händen zerbröselt haben, in die Pfanne – nicht alles auf einmal. Drehen sie den Kartoffelschmarrn oft um, da er sonst sehr schnell schwarz wird. Er soll bröslig bleiben.

Geben Sie den fertigen ersten Teil in eine Wärmeschüssel in den Backofen.

Und was gibt's dazu?

Als Beilage schmeckt Sauerkraut sehr gut. Man kann auch Apfelmus oder Apfelkompott dazu essen. Vielleicht nimmt man am ersten Tag Kraut, am zweiten Apfelmus. Kinder essen das gern.

Kohlrabischnitzel

- *Kohlrabis*
- *Salz*
- *Pfeffer*
- *Zitronensaft*
- *Maronimehl*
- *Distelöl*

Kohlrabis werden geschält und in etwa fingerdicke Scheiben geschnitten. Würzen Sie sie je nach Geschmack mit Salz, Pfeffer und etwas Zitronensaft. Wenden Sie die Scheiben in Maronimehl. Etwas Öl wird in der Pfanne erhitzt und die Scheiben werden hineingelegt. Nun werden sie von beiden Seiten jeweils drei Minuten lang gebacken. Servieren Sie die Kohlrabischnitzel mit Kartoffelbrei.

◀ Kartoffeln gehören für mich zu den wichtigsten Nahrungsmitteln. Ich habe sie immer im Haus.

Gefüllte, im Rohr gebackene Kohlrabis

- *4 Kohlrabis*
- *1 Tasse Hirse*
- *gekörnte Brühe oder Gemüsebrühe*
- *1 Zwiebel*
- *2 Esslöffel Mais oder Erbsen (frisch, gefroren oder aus der Dose)*
- *Kräutersalz*
- *etwas frisch gemahlenen Pfeffer*
- *Kräuter der Saison*
- *Muskat*
- *Meerrettich und Senf*
- *eventuell 1 Ei und eine kleine Essiggurke*
- *Distelöl*
- *Crème fraîche oder Schmand*
- *Tomatenmark*

Die großen Blätter der Kohlrabis werden abgedreht und beiseite gelegt. Dann schneiden Sie die Deckel der Kohlrabis ab, an denen sich noch die jungen, kleinen Blättchen befinden. Den unteren Teil des Gemüses kochen Sie etwa 15 Minuten in etwas Salzwasser.

Danach nehmen Sie die Kohlrabis aus dem Wasser und lassen sie abkühlen. Schälen Sie die Kohlrabis und höhlen Sie sie aus. Der verbleibende Rand sollte etwa 1 cm dick sein. Das Innere wird beiseite gelegt.

Für die Füllung kochen Sie Hirse in Brühe, so lange, bis sie „batzig" ist (etwa 20 Minuten). Bitte das Umrühren nicht vergessen, weil die Hirse ansonsten anbrennen kann. Danach abkühlen lassen. Geben Sie das zerkleinerte Kohlrabi-Innere dazu, außerdem eine gehackte Zwiebel, Mais und Erbsen.

Gewürzt wird mit Kräutersalz, Kräutern der Saison, Pfeffer aus der Mühle, Muskat, Meerrettich und Senf. Geben Sie eventuell ein Ei und eine klein geschnittene Essiggurke dazu.

Vermischen Sie alles gut und füllen Sie dann die ausgehöhlten Kohlrabis damit. Zum Schluss wird der Deckel aufgesetzt. Die gefüllten Kohlrabis

Kohlrabi

kommen jetzt in eine mit Öl eingefettete Auflaufform. Verquirlen Sie jetzt Crème fraîche oder Schmand mit Tomatenmark und Brühe.

Übergießen Sie damit die Kohlrabis, so dass sie halb bedeckt sind. Nun kommt alles für etwa 20 Minuten in den vorgeheizten Backofen. Eventuell dauert es länger oder kürzer – je nach Größe der Kohlrabis.

Und was gibt's dazu?

Servieren Sie die gefüllten Kohlrabis mit Kartoffelbrei oder Salzkartoffeln.

Kohlrabigemüse ist ein sehr gesundes Gemüse. Verwenden Sie als Bindemittel kein Mehl, sondern gemahlene Braunhirse. Sie sorgt für feste Fingernägel und schönes Haar. Das Gemüse wird mit Kräutersalz, Zitronensaft und etwas Meerrettich verfeinert.

Hauptgerichte

Kürbisblüte und -blätter (*Cucurbita pepo*)

Kräuter-Pfannkuchen

Für vier Personen

- *4 Eier*
- *Salz*
- *½ l Milch*
- *320 g Dinkelmehl*
- *12 junge Brennnesselblätter*
- *Distelöl zum Ausbacken*

Die Eier werden aufgeschlagen und mit einer Prise Salz und der Milch verquirlt. Rühren Sie nun mit dem Schneebesen das Dinkelmehl ein, bis ein sämiger Teig entstanden ist.

Schneiden Sie die Brennnesseln klein und geben Sie sie in den Teig. Backen Sie die Pfannkuchen wie üblich.

Und was gibt's dazu?

Als Beilage empfehle ich Tomatensalat.

Gebackene Kürbisschnitzel

- *Kürbis*
- *etwas Kräutersalz, Pfeffer*
- *Muskat*
- *eventuell Ingwerpulver und Zitronensaft*
- *Distelöl*

Zusätzlich für die Panade:

- *Kastanienmehl*
- *1 Ei*
- *Semmelbrösel*

Schneiden Sie das Kürbisfleisch in etwa 1 cm dicke Scheiben und würzen Sie es nach Geschmack mit Kräutersalz, Pfeffer, etwas Muskat, eventuell Ingwerpulver und Zitronensaft.

Wer mag, wendet die Kürbisscheiben in Kastanienmehl. Dann werden die Scheiben ein paar Minuten in heißem Distelöl herausgebacken.

Wer es etwas deftiger liebt, stellt aus Mehl, Ei und Semmelbröseln eine Panade her. Die Kürbisscheiben werden erst in Mehl, dann in verquirltem Ei und zum Schluss in den Semmelbröseln gewendet, bevor sie in einer Pfanne mit Öl gebacken werden.

Und was gibt's dazu?

Als Beilage eignet sich Kartoffelbrei mit gerösteten Zwiebeln oder braune Butter.

HINWEIS: *Die wenigsten wissen, wie wichtig unser heimischer Kürbis für unsere Gesundheit ist. Dieses „Arme-Leute-Gemüse" ist wieder im Kommen. Bauen Sie Kürbis an oder besorgen sie sich so viel Kürbis, dass Sie das ganze Jahr damit eingedeckt sind. Er enthält 95 % Wasser, Vitamin B, C, viel Beta-Carotin und Kalium. Kürbis beugt gutartigen Tumoren in der Prostata vor. Bei Nierenproblemen und -entzündungen fördert er die Heilung.*

Oregano-Kartoffeln

- *1 kg festkochende Kartoffeln*
- *Kräutersalz*
- *Pfeffer aus der Mühle*
- *etwas Muskatnuss*
- *Distelöl*
- *Oregano*
- *0,3 l Milch*
- *0,2 l Sahne*
- *Butter*

Die geschälten, rohen Kartoffeln werden in dünne Scheiben geschnitten. Würzen Sie die Kartoffelscheiben mit Kräutersalz, Pfeffer und etwas Muskatnuss.
Die Kartoffeln werden schichtweise in eine mit Distelöl eingefettete Backreine (flache, feuerfeste Form) gegeben. Zwischen die Schichten gibt man etwas von dem klein gehackten Oregano. Auf die oberste Schicht kommt kein Oregano. Darüber wird die Milch gegossen. Die Kartoffeln sollten etwa zur Hälfte mit Milch bedeckt sein. Nun geben Sie die Sahne darüber, so dass die oberste Schicht schwach mit Sahne bedeckt ist. Streuen Sie einige Butterflöckchen darüber. Alternativ können Sie geriebenen Emmentaler und darüber Butterflöckchen geben.
Das Ganze wird im vorgeheizten Ofen etwa 90 Minuten bei 170 Grad gebacken.

Rindfleisch mit Zwiebelgemüse

Für vier Personen

- *750 g durchwachsenes Rindfleisch*
- *Distelöl*
- *Salz und Pfeffer*
- *¼ l Weißwein*
- *750 g rote Zwiebeln*
- *250 g rote und grüne Paprikaschoten*
- *Honig*
- *Kresse*

Braten Sie das Rindfleisch in heißem Fett in einem Schmortopf an, salzen und pfeffern Sie es. Sie müssen es nach und nach mit Weißwein aufgießen und 1 ½ Stunden schmoren lassen.

Dann geben Sie die geschälten, zerkleinerten Zwiebeln und in Scheiben geschnittenen Paprikaschoten zum Fleisch und lassen sie 30 Minuten mitschmoren. Schmecken Sie den Bratensaft nun mit Salz und Honig ab. Abschließend wird das Gericht mit Kresse bestreut und ist servierfertig.

Was gibt es dazu?

Kartoffelbrei, Rösti, Vollkornnudeln oder Naturreis passen gut dazu.

Rinds-Rouladen

- *Rouladen vom Rind*
- *Salz*
- *Pfeffer*
- *Senf*
- *Zwiebelringe*
- *Speckstreifen*
- *Gewürzgurken*
- *Distelöl*
- *gekörnte Brühe*

Legen Sie die Rouladen aus und würzen Sie sie mit Salz und Pfeffer. Ich streiche dann viel Senf auf das Fleisch. Nun die Zwiebelringe, Speckstreifen und die längsgeschnittenen Gewürzgurken darauflegen. Die Rouladen werden eingerollt und mit einem Holzzahnstocher festgesteckt.

Geben Sie die fertigen Rouladen in die Pfanne mit heißem Öl und braten Sie sie von beiden Seiten knusprig an. Gießen Sie dann mit Brühe auf und lassen Sie das Ganze mit geschlossenem Deckel 30 bis 40 Minuten lang bei geringer Hitze schmoren.

Und was gibt's dazu?

Ich serviere dieses Sonntagsgericht immer mit Kartoffelbrei oder Naturreis und Salaten der Saison.

Hauptgerichte

Rote-Bete-Plätzchen

- *Rote Bete*
- *1 Zwiebel*
- *Meerrettich*
- *Senf*
- *Pfeffer aus der Mühle*
- *Kräutersalz oder Meersalz*
- *Muskat*
- *Kräuter der Saison*
- *Sesam nach Belieben*
- *1 Ei*
- *Distelöl*

Schälen Sie das Gemüse und reiben Sie es mit dem groben Reibeisen auf. Schneiden Sie eine Zwiebel klein und geben Sie sie dazu. Würzen Sie mit Meerrettich, Senf, Pfeffer, Kräuter- oder Meersalz, etwas Muskat und Kräutern der Saison. Sie können auch etwas Sesam (Ballaststoffe) dazugeben. Vermischen sie alles gut mit einem Ei.

Aus der Masse formen sie Plätzchen, die Sie in heißem Distelöl backen. Sie sollten nicht ganz weich gebacken werden.

Und was gibt's dazu?
Als Beilage empfehle ich Nudeln mit geriebenem Käse.

Rote-Bete-Schnitzel

- *Rote Bete*
- *Zitronensaft*
- *Dinkelmehl*
- *1 Ei*
- *Semmelbrösel*
- *Distelöl*

Kochen Sie die Rote Bete zehn Minuten lang im Wasser. Schälen Sie die Rote Bete und schneiden Sie sie in zirka einen Zentimeter dicke Scheiben. Beträufeln Sie die Scheiben mit etwas Zitronensaft und panieren sie mit Mehl, Ei und Semmelbrösel. Danach braten Sie die Scheiben in der Pfanne bis die Panierung goldbraun wird.

Und was gibt´s dazu?
Als Beilage empfehle ich Nudeln mit geriebenem Käse.

Rote Beete

Mein gekochtes Sauerkraut

- *rohes Sauerkraut*
- *etwas Kümmel*
- *einige Wacholderbeeren*
- *Meer- oder Jodsalz – alternativ Himalaja-Salz*
- *Honig*
- *kaltgepresstes Distel- oder Sonnenblumenöl*
- *Dinkelmehl*
- *1 Zwiebel*
- *eventuell eine rohe Kartoffel*

Kochen Sie zwei Drittel des rohen Sauerkrauts etwa 30 Minuten in Wasser. Geben Sie nur so viel Wasser über das Kraut, dass es gerade bedeckt ist. Nun kommt Kümmel, einige Wacholderbeeren, etwas Meer- oder Jodsalz (oder auch Himalaja-Salz) und ein wenig Honig hinzu.

Aus Öl und Dinkelmehl wird eine mittelbraune Mehlschwitze hergestellt (wegen des Geschmackes). Löschen Sie diese mit dem gekochten Krautwasser ab und lassen sie es noch mal kurz aufkochen. Achten Sie darauf, dass es nicht zu dünn wird.

Jetzt kommt das rohe Kraut und eine kleingeschnittene Zwiebel in die Mehlschwitze. Kurz aufkochen. Danach geben Sie das gekochte Kraut hinzu. Dann ist die Speise fertig.

Statt der Mehlschwitze können Sie eine rohe Kartoffel reiben und dazugeben – zum Sämigmachen.

Und was gibt's dazu?

Servieren Sie zum Beispiel Schweinebauch dazu oder Geräuchertes. Ich mache das allerdings nur noch selten. Lieber sind mir Kartoffelpüree und geröstete Semmelbrösel und/oder geröstete Zwiebeln dazu.

Für die Gesundheit

- **beugt Verkalkung vor**
- **bei Verstopfung**
- **bei Gicht und Rheuma**

HINWEIS: *Sauerkraut ist ein Allheilmittel, das wissen wir schon von Paracelsus. Sauerkraut beugt der Verkalkung vor. Ich empfehle es bei Blutarmut mehrmals am Tag roh zu essen. Außerdem ist Sauerkraut außerordentlich gut bei Verstopfung und kann bei Frühjahrsmüdigkeit, Gicht und Rheuma helfen. Bei Wurmbefall sollte man unterstützend zur Behandlung des Arztes Sauerkraut in kleinen Portionen roh essen, etwa 250 bis 500 g pro Tag.*

Weißkohl

Hauptgerichte

Sellerieknolle

Sellerieschnitzel

- *Sellerieknolle*
- *Zitronensaft*
- *Kräutersalz*
- *Pfeffer aus der Mühle*
- *Dinkelmehl*
- *1 Ei*
- *Semmelbrösel*
- *Distelöl*
- *eventuell geriebener Käse und geröstete Zwiebeln*

Kochen Sie eine gewaschene und geputzte Sellerieknolle etwa 30 Minuten (im Schnellkochtopf 15 Minuten). Nehmen Sie die Knolle aus dem Wasser und lassen Sie sie abkühlen. Schneiden Sie sie dann in Scheiben und beträufeln Sie die Scheiben auf beiden Seiten mit Zitronensaft.

Nun würzen Sie mit Kräutersalz und Pfeffer. Jetzt werden die Selleriescheiben in Dinkelmehl, in gequirltem Ei und dann in Semmelbröseln beidseitig gewendet.

Erhitzen Sie in einer Pfanne Distelöl, und braten Sie die Selleriescheiben darin. Richten Sie die Sellerieschnitzel, wenn Sie mögen, mit geriebenem Käse und gerösteten Zwiebeln an.

Und was gibt's dazu?
Als Beilage empfehle ich in Gemüsebrühe gekochten Naturreis.

HINWEIS: *Sellerie reinigt das Blut, lindert Stress und regt den Kreislauf an. Außerdem verbessert er das Blut und wirkt entwässernd sowie harntreibend. Außerdem soll er die Potenz steigern.*

Weißkohl mit Schinkensosse

Für vier Personen

- *1 kleiner Weißkohl*
- *¼ l Wasser*

Für die Soße:

- *50 g Butter*
- *100 g geräucherter Schinken*
- *1 Zwiebel*
- *Dinkelmehl*
- *¼ l Milch*
- *Salz und Pfeffer*
- *Petersilie*

Kochen Sie den gewaschenen und in Streifen geschnittenen Kohl in Wasser zirka 25 Minuten gar. Lassen Sie ihn abtropfen, fangen Sie die Brühe auf und halten den Kohl warm.

Für die Sauce müssen Sie 50 g Butter zerlassen und den in Streifen geschnittenen Schinken darin anbraten. Nun werden die fein gehackten Zwiebeln und das Mehl zugegeben und so lange gerührt, bis das Mehl hellgelb wird.

Rühren Sie mit einem Schneebesen nach und nach die Kohlbrühe und die Milch hinein, bringen Sie die Sauce zum Kochen. Lassen Sie sie fünf bis zehn Minuten lang bei schwacher Hitze köcheln. Nachdem Sie mit Salz und Pfeffer abgeschmeckt haben, können Sie den Kohl mit der Sauce übergießen und mit Petersilie bestreuen.

Und was gibt's dazu?
Servieren Sie das Gericht mit hartgekochten Eiern, Kartoffeln oder Kartoffelpüree.

Zwiebel-Petersilie-Brötchen

- *500 g Dinkelmehl*
- *1 Würfel Hefe*
- *⅛ l Milch*
- *1 Prise Zucker*
- *100 g zerlassene Butter*
- *Salz und Pfeffer*
- *1 Ei*
- *1 Knoblauchzehe*
- *2 Zwiebeln*
- *½ Lauchstange*
- *2 Esslöffel Petersilie*
- *Eigelb*
- *Kümmel oder gehackte Mandeln*

Stellen Sie aus Mehl, Hefe, Milch, einer Prise Zucker, Butter, Salz, Pfeffer, Ei und der zerdrückten Knoblauchzehe einen Hefeteig her und lassen ihn gehen. Danach geben Sie fein gehackte Zwiebeln, Lauch und zwei Esslöffel gewiegte Petersilie in den Teig, kneten ihn nochmals kurz durch und lassen ihn anschließend zehn Minuten ruhen.

Formen Sie den Teig zu Brötchen oder Stangen, bestreichen Sie die Teiglinge mit Eigelb, bestreuen Sie sie nach Belieben mit Kümmel oder gehackten Mandeln und lassen Sie sie nochmals kurz gehen. Backen Sie die Zwiebelbrötchen im vorgeheizten Backofen zirka 20 Minuten bei 225°C.

Ich esse die ausgekühlten Semmeln gerne mit frischer Bärlauchbutter oder Obatzdn (siehe Seite 70).

Zucchini

Gedünstete Zucchini

- *Zucchini*
- *Zitronensaft*
- *Kräutersalz, Pfeffer, Muskat*
- *eventuell eine Prise Ingwer*
- *Champignons*
- *Tomaten*
- *Zwiebeln*
- *Schafskäse*
- *Sesam*
- *1 Ei*
- *Kräuter der Saison*
- *Meerrettich*
- *Senf*
- *Distelöl*
- *Gemüsebrühe*
- *geriebener Käse (wenn gewünscht)*

Da Zucchini eigentlich ohne Geschmack sind, können Sie die ausgehöhlte, längs aufgeschnittene, aber nicht geschälte Frucht gut würzen. Beträufeln Sie sie mit Zitronensaft, würzen Sie mit Kräutersalz, Pfeffer, etwas Muskat, eventuell einer Prise Ingwer.

Für die Füllung empfehle ich Champignons, Tomaten, Zwiebeln, Schafskäse und Sesam. Zerkleinern Sie die Zutaten, vermischen Sie alles gut mit einem Ei, geben Sie Kräuter der Saison dazu sowie Meerrettich, Senf, Kräutersalz und Pfeffer.

Füllen Sie damit die ausgehöhlten Zucchini und binden Sie sie zu. Geben Sie das so vorbereitete Gemüse in eine mit Distelöl eingestrichene, feuerfeste Form, das ausgehöhlte Zucchini-Fleisch kommt drumherum, und dann übergießen Sie es mit Gemüsebrühe.

Wer es pikant mag, kann noch geriebenen Käse darüberstreuen. Geben Sie die Auflaufform in den vorgeheizten Backofen und lassen Sie das Gemüse etwa 20 Minuten backen.

Hauptgerichte

Gefüllte gedünstete Zwiebeln

- *4 Gemüsezwiebeln*
- *1 Tasse Reis oder Hirse*
- *gekörnte Brühe oder Gemüsebrühe*
- *Meerrettich*
- *Senf*
- *Pfeffer*
- *Kräutersalz*
- *Muskat*
- *Kräuter der Saison (frisch oder getrocknet)*
- *1 Ei*
- *kaltgepresstes Distelöl*
- *etwas Crème fraîche oder Schmand*
- *Tomatenmark*
- *je nach Geschmack geriebener Käse*

Von den Zwiebeln werden die Kuppen abgeschnitten. Höhlen Sie sie dann aus. Ein Rand von einem Zentimeter bleibt stehen. Das Innere wird beiseite gelegt.

Nun müssen Sie die Füllung herstellen. Kochen Sie dazu Reis, am besten Rundkornreis, oder Hirse in Brühe, bis der Reis weich beziehungsweise die Hirse „batzig" ist. Zerkleinern Sie das Zwiebel-Innere und geben Sie es mit Meerrettich, etwas Senf, Pfeffer, Kräutersalz, Muskat sowie frischen Kräutern der Saison zu Reis oder Hirse. Anschließend kommt das Ei dazu. Würzen Sie bei Bedarf nach.

Die Füllung wird in die Zwiebeln gegeben, dann setzt man die Kuppe auf. Streichen Sie eine Backreine (flache, feuerfeste Form) mit etwas Öl aus und setzen Sie die Zwiebeln hinein. Anschließend vermischen Sie etwas Schmand oder Crème fraîche mit Tomatenmark und Brühe und gießen so viel Soße über das Gemüse, dass es zur Hälfte mit Flüssigkeit bedeckt ist.

Dann kommt alles in den vorgewärmten Backofen und wird bei 150 Grad etwa 30 Minuten lang gebacken. Es kann auch etwas länger oder kürzer dauern, je nach Größe des Gemüses.

HINWEIS: *Das ist ein besonders gesundes Gericht, das auch während der Wintermonate oft auf dem Tisch zu finden sein sollte.*
Ich bin der Meinung, unser Körper braucht um diese Zeit weder Tomaten noch Gurken, schon gar keine Bohnen. Unseren Vitaminbedarf decken wir eben mit Gemüse, das im Herbst geerntet wurde.
Generell meine ich, dass es nicht gut ist, nur rohes Gemüse zu essen. Die Gefahr, dass man auf diese Weise Pestizide und Schädlinge bzw. deren Eier mit aufnimmt, ist sehr groß. Ich rate dazu, in jedem Fall die „verschnörkelten" Gemüsesorten (zum Beispiel Brokkoli, Blumenkohl) zu blanchieren.

Aufstriche & Co.

Würzen Sie einige Ihrer Speisen mit Senf, denn er ist gut für die Leber. Sie können auch Senfmehl oder Senfkörner nehmen.

Bärlauch-Pesto

- *Bärlauchblätter, vor der Knospenbildung geerntet*
- *je nach Geschmack Kräutersalz, Distelöl, Nüsse*

Drehen Sie frische, gewaschene Bärlauchblätter durch den Fleischwolf oder zerkleinern Sie sie mit dem Pürierstab. Ich selbst benutze keinen Pürierstab, aber wenn man keinen Fleischwolf zur Verfügung hat, geht er auch.

Vermischen Sie die Masse mit Kräutersalz, Öl und Nüssen - ganz nach Ihrem Geschmack. Das Pesto schmeckt sehr gut zu Nudeln oder Sie füllen Schinkenröllchen damit.

HINWEIS: *Für ein gutes Gedächtnis sollte man Nüsse essen und darauf aufpassen, dass der Körper immer mit ausreichend Mineralstoffen versorgt ist. Achten Sie besonders auf genügend Kalk. Man kann zum Beispiel Hühnereierschalen ganz fein mit dem Mörser zerstoßen. Von dem Pulver streut man sich eine Messerspitze übers Essen.*

Bärlauchblätter

- *Bärlauchblätter, vor der Knospenbildung geerntet*

Wenn man sehr viele Bärlauchblätter zur Verfügung hat, kann man sie auch im Glas konservieren. Dazu werden die Blätter gewaschen und dann durch einen Fleischwolf gedreht. Man gibt die Masse in kleine Schraubgläser. Diese Schraubgläser können Sie einfrieren. Wenn die Gläser eingefroren werden sollen, dann füllen Sie sie nicht ganz auf, sondern lassen 1 bis 2 cm oben frei. Nur im geschlossenen Glas riecht der Bärlauch im Gefrierfach nicht, ansonsten riecht alles nach Knoblauch, was nicht sehr angenehm ist.

Ein Glas mit diesem Bärlauch-Pesto habe ich immer in meinem Kühlschrank. So kann ich in der bärlauchlosen Zeit die Heilkraft dieser Pflanze nutzen.

Ich liebe Bärlauch, den ich in vielen Rezepten verwende.

Das Pesto kann man in die Salatsoße geben oder auch in andere Soßen, es passt aber auch einfach aufs Butterbrot oder in den Quark.

TIPP: *Am besten wählen Sie einen Skorpiontag für die Herstellung eines solchen Bärlauch-Pesto. Sie finden die Angaben, wann wir Skorpiontage haben, in vielen Jahreskalendern.*
Ich nehme nicht den Mixer für die Zubereitung, der zerhaut alles und erhitzt zum Teil. Wenn Sie keinen Fleischwolf haben, können Sie ihn manchmal preiswert auf dem Flohmarkt bekommen.

Bärlauch fürs Butterbrot, Quark, Obatzda, Salate und Suppen

- *Bärlauchblätter, vor der Knospenbildung geerntet*
- *Kräutersalz*

Die Blätter des Bärlauchs werden gewaschen, klein geschnitten und mit etwas Kräutersalz aufs Butterbrot gegeben.
Man kann die Blätter aber auch frisch an Salate und Suppen geben und im Prinzip an jedes andere Essen, zu dem er passt.

Bärlauch passt hervorragend zu Schafskäse und wird nur mit etwas gutem Öl angemacht.

Aufstriche & Co.

Bärlauchbutter

- *Bärlauch-Pesto (Seite 66)*
- *Butter*

Das Pesto wird einfach unter die Butter geschlagen. Besonders gut schmeckt das Bärlauch-Pesto im Obatzda (siehe Seite 70).

ACHTUNG: *Wenn Sie Bärlauch selbst sammeln, dürfen Sie die Blätter nicht mit denen von der giftigen (tödlichen) Herbstzeitlosen und den ebenso giftigen Blättern des Maiglöckchens verwechseln.*

Bärlauch in voller Blüte

Frischkäse schnell selbstgemacht

- *2 bis 3 Liter Vollmilch (frisch, keine H-Milch)*
- *5 Esslöffel Zitronensaft*

Die Milch bei mittlerer Temperatur aufkochen. Wenn sie im Topf aufsteigt, fünf Esslöffel Zitronensaft einrühren und den Topf von der Herdplatte nehmen. Die Milch durch ein Sieb, das mit einem ausgewaschenen, dünnen Küchenhandtuch ausgelegt ist, in ein Gefäß gießen. Im Sieb bleibt der Frischkäse zurück. Das Tuch mit dem Käse zusammenbinden und die restliche Flüssigkeit (Molke) herauspressen.

Jetzt kann man zum Beispiel den Käse im Leinen eingerollt lassen und mit einem Stein beschweren. Oder man hängt das Tuch auf, damit die Flüssigkeit heraustropfen kann. Anschließend schneidet man den festgewordenen Käse in Würfel und frittiert diese im heißen Pflanzenöl bis sie leicht gebräunt sind. Sehr gut schmeckt Wildkräutersalat dazu.

TIPP: *Die Molke kann man trinken. Sie ist gut für die Nieren und hilft bei Thrombosen.*

Gebackene Brennnesseln

- *Brennnesselblätter*
- *Dinkelmehl*
- *Bier*
- *1 Ei*
- *Kräutersalz*
- *Pfeffer aus der Mühle*
- *Distelöl*

Sammeln Sie größere, schöne Brennnesselblätter und schleudern Sie die Insekten heraus. Geben Sie etwas Mehl und Bier, das Ei, Kräutersalz und Pfeffer in eine Schüssel. Vermischen Sie das Ganze mit einem Schneebesen. Nehmen Sie nun die Brennnesselblätter und tauchen Sie sie einzeln ein. Kurz ausschleudern, damit nicht zu viel Teig hängen bleibt. Erhitzen Sie gleichzeitig viel Öl in einer hohen Pfanne, damit die Blätter schwimmen können. Geben Sie nun die eingetauchten Blätter in das heiße Öl. Backen Sie sie nur kurz, sie dürfen nicht zu dunkel werden. Nehmen Sie die Blätter nun heraus und lassen Sie sie abtropfen.

Und was gibt's dazu?
Die gebackenen Brennnesselblätter reicht man abends zu Wein.

HINWEIS: *Brennnessel ist ein heilkräftiges und gesundes Wildkraut. Ich esse ab April fast täglich Brennnesseln.*

Mit Kräutern aromatisierte Öle und Essige verwende ich als Aroma in vielen Speisen.

Aufstriche & Co.

Meerrettichquark

- *250 g Quark*
- *100 g fein geriebener Meerrettich*
- *3 bis 5 Esslöffel Milch*
- *Sahne oder Schmand*
- *frische Kräuter (Bärlauch, Kapuzinerkresse, Brunnenkresse oder auch Spitzwegerich)*
- *Kräutersalz*
- *Zitronensaft*
- *½ Teelöffel Sesam*

Geben Sie Quark, Meerrettich, drei bis fünf Esslöffel Milch, Sahne oder Schmand in eine Schüssel. Schneiden Sie die Kräuter klein. Sie kommen mit etwas Zitronensaft und dem Kräutersalz in die Schüssel. Vermengen Sie alles gut miteinander. Fertig ist ein pikanter Brotaufstrich für jeden Tag, der sich schnell herstellen lässt.

Als Kräuter empfehle ich Bärlauch, zerkleinerte Kapuzinerkresse (Blüten und Blätter) oder Brunnenkresse. Spitzwegerich kann man in Streifen schneiden und über den Quark legen.

Um zusätzlich Ballaststoffe zu sich zu nehmen, streuen Sie auf das mit Quark bestrichene Brot einen halben Teelöffel Sesam.

Für die Gesundheit

> **bei hohem Cholesteringehalt im Blut**

HINWEIS: *Der Meerrettich ist ein scharfes Gewürz mit sanfter Heilkraft. Ich verwende ihn sehr gerne, besonders wegen seiner cholesterinsenkenden Wirkung. Wenn man täglich in kleinen Portionen aufgeteilt in seinen Speisen insgesamt einen Teelöffel Meerrettich isst, wird man wahrscheinlich nicht unter zu hohen Cholesterinwerten zu leiden haben.*

Obatzda

- *Quark*
- *Weichkäse (Camembert)*
- *1 kleine Zwiebel*
- *Pfeffer*
- *Paprika*
- *Kräutersalz*
- *Bärlauch*

Man nehme guten Quark nach Gefühl, Weichkäse (Camembert), eine kleine, geriebene Zwiebel, etwas Pfeffer, etwas Paprika, wenig Kräutersalz und natürlich Bärlauch, soviel Sie möchten.

Alles wird in einer Schüssel mit der Gabel zerdrückt und gut vermischt, fertig. Sie werden Ihre Freude haben.

Für den Meerrettichquark reibe ich Meerrettich immer frisch auf. ▶

Süsses

Apfelküchle

Für vier Personen

Für den Teig:

- *2 Eier*
- *150 g Mehl*
- *⅛ l Milch*
- *Salz*
- *geriebene Schale einer unbehandelten Zitrone*
- *50 g braunen Zucker*

- *500 g Äpfel*
- *Distelöl*
- *Puderzucker*

Rühren Sie aus Eiern, Mehl, Milch, Salz, Zucker und Zitronenschale einen dickflüssigen Teig und lassen ihn dann 10 bis 15 Minuten ruhen. Schälen Sie die Äpfel, stechen Sie das Kerngehäuse aus und schneiden Sie die Äpfel in dicke Scheiben. Tauchen Sie die Apfelringe in den Teig und backen Sie sie in heißem Öl aus. Bestäuben Sie sie mit Puderzucker und servieren Sie die Apfelküchle sofort. Gut schmeckt auch Vanillesoße dazu.

TIPP: *Die Apfelschalen verwende ich für meinen Apfelschalentee.*

Für die Gesundheit

- **gut für die Verdauung**
- **gut fürs Immunsystem**

HINWEIS: *Manche Menschen vertragen Obst nur am Vormittag. Probieren Sie es selbst aus. Jeder Körper ist anders.*

Getrocknete Apfelscheiben

- *Äpfel*

Nehmen Sie mehrere Äpfel nach Wahl, waschen Sie sie und reiben Sie sie mit einem weichen Tuch trocken. Dann wird mit einem Apfelstecher das Apfelgehäuse entfernt und die Früchte in dünne Scheiben, etwa halbfingerbreit, geschnitten. Die Scheiben werden auf eine Schnur aufgefädelt und aufgehängt.

Es ist herrlich, wenn der Apfelgeruch den ganzen Raum erfüllt. Außerdem steht Ihnen während des ganzen Jahres die Heilkraft des Apfels zur Verfügung.

Für die Gesundheit

- **stärkt das Immunsystem**
- **verdauungsfördernd**

Geriebener Apfel

- *Äpfel*

Reiben Sie so viele rohe Äpfel auf, wie sie essen wollen. Verwenden Sie unbedingt eine Glasreibe. Essen Sie den Apfelbrei bei Durchfall über den Tag verteilt und nehmen Sie an diesem Tag keine andere Nahrung zu sich.

Für die Gesundheit

- **hilft bei Durchfall**

NACHSPEISEN: *Man sollte kein Obst als Nachspeise essen. Weil Obst schneller verdaut wird, darf es nicht als letztes in den Magen kommen.*

Ich empfehle zwei Äpfel pro Tag zu essen, einen vormittags und den anderen am frühen Nachmittag.

Süsses

Birnenkompott

- *1 kg feste, nicht zu reife Birnen*
- *½ l Wasser*
- *1 Vanilleschote*
- *60 bis 120 g Zucker*
- *Schale und Saft von einer halben unbehandelten Zitrone*

Waschen Sie die Zitrone heiß ab und trocknen Sie sie danach ab. Schälen Sie sie in dünne Streifen und pressen Sie danach die halbe Zitrone aus. Schneiden Sie die Vanilleschote längs auf und kratzen Sie das Mark heraus. Schälen und vierteln Sie die Birnen und schneiden Sie die Kerngehäuse heraus. Geben Sie die Birnenstücke mit Vanilleschote und dem Mark, Zitronensaft und -schale sowie dem Zucker in kaltes Wasser und bringen Sie alles zum Kochen.

Das Kompott wird bei kleiner Hitze etwa 10 Minuten lang gegart. Nehmen Sie die Vanilleschote und die Zitronenschale heraus, bevor Sie das heiße Kompott servieren.

TIPP: *Anstatt Birnen können Sie auch die gleiche Menge Äpfel verwenden.*

Die verlockend aussehenden Vogelbeeren ▶ werden von der einheimischen Vogelwelt geliebt, dürfen aber roh nicht von Menschen gegessen werden.

Ebereschen-Gelee

- *Ebereschenbeeren an den Rispen*
- *Gelierzucker*

Ich tue die Beeren mit den Rispen in den Dampfentsafter. Aus dem Saft wird mit Gelierzucker nach Anweisung auf der Packung ein herb-bitteres Gelee hergestellt. Das ist so etwas Feines.

Für die Gesundheit
> **für den Genuss**

BITTE VORSICHT:
Die Vogelbeeren dürfen keinesfalls roh verzehrt werden!

Ebereschen-Konfekt

- *Ebereschenbeeren*
- *Sahne*
- *Gelierzucker nach Bedarf*

Die Beeren, die übrig bleiben, wenn man den Schnaps ausgetrunken hat (siehe Seite 99), werden gequetscht, mit Gelierzucker vermischt und in einem Topf mit Distelöl erwärmt. Dann geben Sie ein wenig Sahne hinzu. Kurz weiter erhitzen. Das ergibt ein wunderbares Konfekt.

Für die Gesundheit
> **für den Genuss**

Ebereschen-Marmelade

- *Ebereschenbeeren*
- *Gelierzucker*

Wenn Sie Ebereschen-Schnaps (siehe Seite 99) angesetzt haben, können Sie die eingelegten Beeren gut weiterverwenden. Kochen Sie sie mit Gelierzucker nach Anweisung auf und bereiten Sie eine Marmelade daraus zu.

Für die Gesundheit
> **für den Genuss**

Hollerkücherl

Für vier Personen

Für den Teig:

- *2 Eier*
- *1 Prise Salz*
- *2 Esslöffel Mineralwasser*
- *1 bis 2 Teelöffel Zucker*
- *4 Esslöffel Mehl*
- *1 Messerspitze Backpulver*
- *2 bis 3 Esslöffel Milch*
- *Distelöl*
- *12 Holunderblüten vom Schwarzen Holunder*
- *Puderzucker – wenn gewünscht*

Schlagen Sie die Eier zusammen mit zwei Esslöffeln Mineralwasser und der Prise Salz gut auf. Danach geben Sie Zucker, gesiebtes und mit der Messerspitze Backpulver vermischtes Mehl und Milch dazu und vermischen Sie es zu einem nicht zu dicken Teig.

Erhitzen Sie das Distelöl. Tauchen Sie die gewaschenen und gut abgetropften Holunderblüten in den Teig und backen Sie sie schnell in heißem Öl schwimmend aus. Mit Puderzucker bestäubt und warm serviert sind Hollerküchle ein köstliches Dessert.

Holunder-Gelee

- *Holundersaft vom Schwarzen Holunder*
- *Gelierzucker*
- *Schnaps*

Stellen Sie im Entsafter Holundersaft her. Dieser wird mit Gelierzucker nach Anleitung aufgekocht und ein leckeres Gelee hergestellt. Das Holunder-Gelee mag ich besonders gerne.

Bei der Herstellung mische ich zur Verstärkung des Geschmackes ein Gläschen Schnaps dazu. Das gibt dem Gelee eine besondere Note.

Für die Gesundheit

- **fürs Immunsystem**

Oslo-Frühstück fürs Gedächtnis

- *½ Tasse Müsli oder Haferflocken*
- *1 Tasse Milch*
- *1 große Möhre*
- *1 Teelöffel Honig*
- *nach Geschmack ½ Banane*

Das Müsli wird mit Milch übergossen. Die Möhre reibt oder raspelt man mit dem Gurkenhobel auf und gibt sie zu dem Müslibrei. Zum Schluss noch einen Teelöffel Honig untermischen. Dann ist das Frühstück fertig.

Wenn Sie möchten, können Sie noch eine halbe Banane kleinschneiden und hinzugeben.

Für die Gesundheit

- **steigert die Konzentrationsfähigkeit**
- **hilft dem Gedächtnis**
- **besonders gut für Schulkinder geeignet**

◄ Die Blüten des Schwarzen Holunders sammele ich für leckere Hollerkücherl.

Süsses

Wunderbare Natur: hier eine Rotbuche

Gelee aus Birnenquitte

- *Birnenquitten*
- *Gelierzucker*
- *4 Esslöffel Zitronensaft*

Birnenquitten kann man einfach mit Gelierzucker zu gesundheitsförderndem Gelee einkochen. Dazu werden die Birnenquitten geschält, das Kerngehäuse entfernt und die Quitten im Entsafter entsaftet. Der Saft wird zum Kochen gebracht und nach Vorschrift auf der Packung mit Gelierzucker zu Gelee gekocht. Vier Esslöffel Zitronensaft zusätzlich unterrühren.
Um auch das Quittenfleisch zu verbrauchen, empfehle ich Konfitüre zu kochen. Denn es ist schade, das Quittenfleisch nicht zu verwenden.

HINWEIS: *Wenn die Birnenquitte im Herbst gelb ist, dann sollten Sie die Früchte kaufen. Die Quitte enthält viele gesunde Stoffe, wie zum Beispiel Schleime, Pektine, Vitamin C und Gerbstoffe. Sie wirkt entzündungshemmend, durchblutungsfördernd, regulierend auf Magen und Darm, auch bei Durchfall. Außerdem hilft sie bei Gicht und Rheuma. Ihr wird ferner eine potenzsteigernde Wirkung nachgesagt.*

BITTE VORSICHT:
Man kann die Früchte nicht roh essen.

Quitten-Brotaufstrich

- *Quitten*
- *guter Honig*

Die gewünschte Menge Quitten wird geschält (die Schalen trocknen und für Tees weiterverwenden) und das Kerngehäuse wird entfernt. Nun schneidet man die Quittenfrüchte in Stifte. Diese werden in ein Glas gegeben und mit Honig aufgefüllt. Zwei bis drei Wochen ziehenlassen. Schmeckt mit und ohne Brot lecker.

Für die Gesundheit
- **gut für Magen und Darm**
- **bei Gicht und Rheuma**

TIPP: *Wer viele Quitten hat, kann einen Teil kochen und ihn dann einfrieren. Der andere Teil wird aufgeschnitten und in der Dörre oder im Backofen getrocknet.*

Quittenchips

- *Quitten*

Ich bewahre Quitten gerne getrocknet für den Winter und das Frühjahr auf. Dazu viertele ich die Quittenfrüchte, entferne das Kerngehäuse und schneide die Viertel in dünne Scheiben. Diese Scheiben trocknet man im Backofen bei niedriger Temperatur (mit leicht geöffneter Ofentüre) oder in der Dörre. Sie werden dünn wie Chips und müssen trocken aufbewahrt werden. Will man sie verwenden, dann weicht man sie in Wasser ein und gibt sie zum Beispiel ans Müsli.

Für die Gesundheit
- **gut für Magen und Darm**
- **bei Gicht und Rheuma**

Quittenkompott

- *1 bis 2 Quitten*
- *guter Honig*

Die Quitte wird geschält und in kleine Würfel geschnitten, vorher das Kerngehäuse entfernen. Die Würfel kommen in einen Topf und werden knapp mit Wasser bedeckt. Nun müssen sie weich gekocht werden. Den Topf vom Herd nehmen und abkühlen lassen. Stellen Sie einen Brei daraus her und mischen Sie den Honig dazu. Essen Sie von diesem Brei über den Tag verteilt.

Für die Gesundheit
- **gut für Magen und Darm**
- **bei Gicht und Rheuma**

Honige und Sirupe

Ess-Kastanien in Honig

- *4 bis 5 Ess-Kastanien*
- *1 Teelöffel guter Honig*

Die Ess-Kastanien werden über Kreuz eingeschnitten und fünf bis zehn Minuten lang gekocht, bis sie weich sind. Dann werden sie abgeschält. Die abgeschälten Maronis kommen zusammen mit einem Teelöffel Honig in einen Mörser und werden zerdrückt.

Von der Mischung isst man einige Zeit pro Tag zwei bis drei Teelöffel. Bereiten Sie die Mischung immer frisch zu.

Für die Gesundheit
- **gut für die Leber**
- **baut die Darmflora auf**

Ess-Kastanie (*Castanea sativa*)

Fichten-Sirup

- *junge Triebe der Gewöhnlichen Fichte*
- *brauner Kandiszucker*

als Alternative
- *je zur Hälfte junge Triebe der Gewöhnlichen Fichte und*
- *Löwenzahnblüten*

Aus den jungen Trieben der Fichte können Sie das beste Hustenmittel herstellen, das ich kenne. Die Spitzen der jungen Fichtentriebe werden dazu in einen Topf gegeben und mit Wasser gerade bedeckt. Wichtig ist, dass keine Spitze mehr aus dem Wasser herausschaut.

Der Topf bleibt über Nacht stehen und der Inhalt wird am nächsten Tag aufgekocht und etwa eine Stunde lang köchelnd auf dem Herd gelassen. Vorsicht, dass es nicht überschäumt, daher am Anfang mit einem Kochlöffel oder Schaumlöffel abdrücken. Danach muss das Ganze wieder eine Nacht ruhig neben dem Herd stehen.

Am folgenden Tag geben Sie die Masse durch ein Tuch und drücken es fest aus. Die ausgedrückte Flüssigkeit wird in einem Topf aufgefangen. Je Liter kommen nun 400 g brauner Kandiszucker dazu. Lösen Sie den Kandiszucker darin auf und stellen Sie den Topf dann wieder auf den Herd. Die Masse muss fünf bis sechs Stunden ohne Topfdeckel köcheln und dabei eindicken. Sie soll nicht zu fest, aber auch nicht zu flüssig sein. Machen Sie die Probe mit mehreren Tropfen auf einen Teller.

Füllen Sie den entstandenen Sirup heiß in Gläser ab und schrauben Sie diese gut zu. Bitte befolgen Sie die Anweisung sehr genau, weil das Mittel ansonsten nicht haltbar ist.

Für die Gesundheit
- **hervorragendes Hustenmittel, man nimmt über den Tag verteilt immer einmal wieder einen Teelöffel davon und lässt ihn im Mund zergehen.**

Alternative: Sie können das genannte Rezept auch etwas abwandeln und Löwenzahnblüten und Fichtenspitzen jeweils zur Hälfte als Basis nehmen. Die Zubereitung des Hustenmittels ist ansonsten wie beschrieben.

Die ausgedrückten Fichtenspitzen müssen Sie noch nicht wegwerfen. Sie können sie noch einmal aufkochen und den Sud über ein Sieb ins Badewasser geben. Dieses Bad wirkt erfrischend und anregend, daher empfehle ich, es nicht abends anzuwenden.

Fichtenspitzen-Honig

- *einige junge Maitriebe der Gewöhnlichen Fichte (Fichtenspitzen)*
- *guter Honig*

Geben Sie die Maitriebe in guten flüssigen Honig. Lassen Sie das Ganze 14 Tage im Warmen, aber nicht in der Sonne stehen. Danach ist der Honig fertig. Die Fichtenspitzen können mitgegessen werden. Die Fichtenspitzen enthalten Harze und sind daher gut für Magen und Darm.

Für die Gesundheit

- **bei Husten**

Fichtenspitzenhonig schmeckt sehr gut zu vollwertigem Brot.

Gänseblümchen-Sirup

- *2 Hand voll Gänseblümchen mit Stiel und Blättchen*
- *½ l Wasser*
- *300 g brauner Kandiszucker*

Waschen Sie die Gänseblümchen und übergießen Sie sie mit einem halben Liter Wasser. Lassen Sie alles über Nacht ziehen und geben Sie es am nächsten Tag durch ein Tuch oder ein feines Sieb. Gut ausdrücken. Nun kommt der Kandiszucker in die Flüssigkeit. Köcheln Sie das Ganze im offenen Topf so lange ein, bis eine sirupartige Masse entstanden ist.

Geben Sie ein paar Blütenköpfchen in ein verschließbares Weckglas und gießen Sie den Sirup darüber. Noch heiß verschließen. Nach Belieben kann man von dem Sirup etwas zum Tee dazugeben.

Für die Gesundheit

- **harntreibend**
- **blutreinigend**
- **bei schmerzhafter Periode**
- **bei Bronchitis**

Löwenzahn-Honig

- *1 Hand voll Löwenzahnblütenblätter (nur die gelben Blütenblätter)*
- *1 Zimtstange*
- *3 Nelken*
- *500 g guter Bienenhonig*

Vermischen Sie zwei Hand voll Löwenzahnblüten (nur die blühenden Blütenköpfchen ohne Kelche verwenden!), mit einer Zimtstange, drei Nelken und 500 g Honig und füllen Sie alles in ein verschließbares Glas.

Verschließen Sie das Glas und lassen Sie den Honig zwei bis drei Wochen lang warm und nicht sonnig stehen. Danach ist er fertig und kann als Brotaufstrich mit den Blütenblättern gegessen werden.

Für die Gesundheit

- **blutbildend und blutreinigend**
- **bei Husten**
- **tut Leber und Galle gut**
- **bei Gallensteinen**

Honige und Sirupe

Löwenzahn-Sirup

- *Löwenzahnblüten*
- *braunen Kandiszucker*

Sammeln Sie die Blüten und füllen Sie einen mittelgroßen Topf drei Viertel voll mit den gewaschenen Blüten. Geben Sie so viel Wasser dazu, dass die Blüten bedeckt sind. Lassen Sie das Ganze über Nacht ruhen und kochen Sie es am nächsten Tag eine Stunde lang. Dann wieder über Nacht stehenlassen.

Am folgenden Tag gibt man pro Liter 400 g braunen Kandiszucker dazu und köchelt die Mischung vier bis fünf Stunden lang – ohne Deckel. Der Wasserdampf muss entweichen können. Die Flüssigkeit darf nicht zu dick werden, aber auch nicht zu dünn bleiben. Sie muss die Konsistenz von Sirup annehmen. Der Sirup wird heiß in Gläser abgefüllt.

Für die Gesundheit

- **bei Husten wenige Teelöffel über den Tag verteilt einnehmen**

Meerrettich-Honig

- *2 Teelöffel frisch geriebener Meerrettich*
- *1 Teelöffel guter Honig*

Vermischen Sie zwei Teelöffel frischen geriebenen Meerrettich mit einem Teelöffel Honig. Wenn Sie abends im Bett nicht richtig durchatmen können, nehmen Sie einen halben Teelöffel der Mischung in den Mund, und schon können Sie frei atmen und auch sehr gut schlafen.

TIPP: *Leider hält Meerrettich geschält nur einige wenige Tage. Deshalb wird er nur geschält, wenn man ihn braucht.*

Bei hohen Cholesterinwerten hilft Ihnen der Meerrettich, er wirkt außerdem verdauungsfördernd.

Spitzwegerich-Honig

- *50 Spitzwegerichblätter*
- *500 g guter Honig*

Nehmen Sie die gewaschenen und im Sieb abgeschleuderten Spitzwegerich-Blätter, schneiden Sie sie klein und geben Sie sie in 500 g Honig. Der Honig muss nun den ganzen Sommer über stehen bleiben, aber nicht in der Sonne (!).

Bei Husten gibt man den Honig in leicht abgekühlten Tee oder aber man nimmt ihn langsam und löffelweise pur über den Tag verteilt zu sich.

Für die Gesundheit

- **äußerlich: auf Insektenstiche, Hautverletzungen oder offene Beine streichen**
- **innerlich: löffelweise bei Husten; bei Geschwüren langsam im Mund zergehen lassen**

Spitzwegerich-Sirup

- *100 Spitzwegerichblätter*
- *500 g Honig*
- *500 g brauner Zucker*
- *etwas Wasser*

Den Spitzwegerich-Sirup stellen Sie aus frischen, gewaschenen Spitzwegerichblättern her, die durch den Fleischwolf gedreht werden. Sie können auch einen Pürierstab oder Mixer verwenden, aber das habe ich nicht so gerne.

Zu dem Brei gibt man guten Honig und braunen Zucker, die in wenig Wasser aufgelöst worden sind.

Das Ganze kommt auf den Herd und man lässt es so lange köcheln, bis daraus ein Sirup geworden ist. Nehmen Sie zwei bis drei Teelöffel pro Tag.

Für die Gesundheit

- **bei Husten und Bronchitis**
- **für Magen und Darm**
- **äußerlich: bei Verletzungen und Wunden**

Spitzwegerich (*Plantago lanceolata*)

Spitzwegerich-Sirup mit Quittenkernen

- *100 g Spitzwegerich-Sirup*
- *5 g Quittenkerne*

Stellen Sie den Spitzwegerich-Sirup her, wie im linksstehenden Rezept beschrieben. Die Quittenkerne werden mit etwas Wasser im Mörser zerstoßen. Danach lässt man sie aufquellen (wird wie Gelee). Die aufgequollenen Quittenkerne werden abgeseiht und die Flüssigkeit wird mit dem Spitzwegerich-Sirup vermischt.

Für die Gesundheit

- **bei Verschleimung der Atemwege**
- **bei Bronchitis**

Zwiebelhonig

- *5 rote Zwiebeln*
- *8 Esslöffel kandierter guter Honig oder alternativ 10 Esslöffel flüssiger, guter Honig*

Erleichterung und Heilung bei hartnäckigem Husten verspricht das folgende Rezept. Reiben Sie fünf rote Zwiebeln mit dem Gurkenhobel auf. Unter diesen Brei mischt man acht Esslöffel kandierten Honig. Wenn der Honig flüssig ist, brauchen Sie davon zehn Esslöffel. Lassen Sie alles über Nacht ziehen.

Am folgenden Tag nimmt man zwei bis drei Teelöffel Zwiebelhonig über den Tag verteilt ein. Lassen Sie ihn möglichst lange im Mund und bitten Sie, dass der Husten verschwindet. Sie werden spüren, wie sich der Husten löst.
Rühren Sie die Mischung öfter um.

Für die Gesundheit

- **hilft bei Husten**

Heilende Getränke

Apfelessig-Trunk

- *Apfelessig*
- *Wasser*

Wenn Sie unter Übergewicht leiden, probieren Sie es einmal mit diesem Getränk. Zum Mittagessen stellen Sie sich ein Glas mit Apfelessigwasser auf den Tisch. Sie geben einen Zentimeter guten (!) Apfelessig in ein Glas und füllen mit Wasser auf.

Alle paar Bissen nehmen Sie nun einen kleinen Schluck von dem Wasser. Die Speisen werden anders verdaut.

Für die Gesundheit

- **hilft beim Abnehmen**
- **bei Magenproblemen**

Aus den Blüten des Schwarzen Holunders können Sie ein erfrischendes Sommer-Getränk zubereiten.

Erfrischungsgetränk aus Holunderblüten

- *3 l Wasser*
- *200 g Fruchtzucker*
- *2 unbehandelte Zitronen*
- *6 bis 7 Blütendolden des Schwarzen Holunders*

Aus den Blütendolden des Holunders können Sie ein erfrischendes Getränk zubereiten. Geben Sie auf drei Liter Wasser 200 g Fruchtzucker und lassen Sie es zehn Minuten kochen. Dann nehmen Sie den Topf vom Herd. Nach dem Abkühlen kommen die Scheiben von zwei unbehandelten Zitronen ins Zuckerwasser und sechs bis sieben Blütendolden des Schwarzen Holunders.

Diese Mischung geben Sie in ein Einweckglas mit Schnappverschluss. Man kann natürlich auch jedes andere verschließbare Glasgefäß verwenden. Das Getränk kommt in den Kühlschrank und wird vor dem Genuss mit Wasser verdünnt.

Für die Gesundheit

- **erfrischt**

Birkenwasser

Man kann Birkenwasser selbst sammeln. Mit einem kleinen Handbohrer bohrt man ein etwa 5 cm tiefes, etwas schräg nach oben verlaufendes Loch in den Stamm einer Hänge-Birke *(Betula pendula)*. Dort hinein wird ein Strohhalm gesteckt. Direkt darunter befestigt man einen kleinen Eimer, in dem das Birkenwasser aufgefangen wird. Die beste Zeit ist im Februar oder Anfang März, wenn die neuen Blätter austreiben. Gleich nach dem Entnehmen verschließen Sie das kleine Loch – zum Beispiel mit einem Hölzchen. Bevor Sie den Stamm anbohren, bitten Sie den Baum um sein Wasser. Und bedanken Sie sich nach dem Entnehmen bei „Ihrer" Birke, dass sie Ihnen ihren kostbaren „Heilsaft" geschenkt hat. Haben Sie zu viel Birkenwasser gesammelt, können Sie das kostbare „Wasser" sehr gut einfrieren und, wenn es benötigt wird, auftauen und verwenden. Bei Bedarf trinkt man ein Likörglas davon.

Für die Gesundheit

- **entwässernd**
- **ausschwemmend**
- **hilft bei Gicht und Rheuma**
- **äußerlich bei Haarausfall (siehe Seite 93)**

Gurkenwasser

Die Gurke ist ein Schlankmacher. Sie besteht zu 96% aus Wasser und hat fast keine Kalorien. Gurkenwasser lässt sich einfach selbst herstellen. Hobeln Sie eine Gurke auf und geben Sie den Brei in ein Tuch. Pressen Sie das kräftig aus und sammeln Sie das Wasser in einem Behälter. Für eine Entschlackungskur trinkt man zwei Wochen lang täglich den Saft einer großen Gurke über den Tag verteilt.

Für die Gesundheit
- **als Entschlackungskur**
- **kräftigt**

GURKENMASKE:
Die Gurke ist ein Schönheitsmittel. Sie macht die Haut im Gesicht und dem Dekolleté geschmeidig und verhilft zu gesünderem Aussehen.
Die Haut wird gereinigt und die Gurke in Scheiben geschnitten. Die Scheiben legt man direkt auf die Haut, dicht an dicht. Bleiben Sie mit der Gurkenmaske 20 Minuten lang liegen und ruhen Sie sich aus. Danach abnehmen und nicht nachwaschen.

Karotten-Apfelsaft-Getränk

- *Apfelsaft*
- *Karottensaft*
- *Sahne oder Distelöl*

Mischen Sie sich ein Getränk, das gegen Gicht hilft und Falten und Hautprobleme vermindert. Ein Glas wird halb und halb mit Apfelsaft und Karottensaft aufgefüllt. Dazu ein Schuss Sahne oder Öl.

Für die Gesundheit
- **bei Gicht**
- **mindert Falten und Hautprobleme**

Kartoffelwasser

- *1 rohe Kartoffel*
- *eventuell Fruchtsaft*

Morgens wird eine rohe Kartoffel aufgerieben. Drücken Sie den Brei gut aus und trinken Sie dann das Kartoffelwasser vor dem Frühstück. Kartoffelwasser sieht nicht besonders einladend aus. Daher kann man es mit etwas Fruchtsaft vermischen. Das ist besonders bei Kindern ratsam.

Für die Gesundheit
- **bekommt dem Magen sehr**

Holundermilch

- *2 bis 3 Blütendolden vom Schwarzen Holunder*
- *¼ l Milch*

Geben Sie die Blütendolden in die Milch und kochen Sie beides kurz auf. Dann muss die Milch noch eine viertel bis halbe Stunde lang ziehen. Danach wird abgeseiht und die Milch ist fertig, zum Gurgeln. Nicht trinken.

Für die Gesundheit
- **hilft bei geschwollenen Mandeln**

Holunderbeerensaft

- *Beeren vom Schwarzen Holunder mit feinen Rispen*

Die Beeren werden roh in den Entsafter gegeben, durch die Hitze (95 Grad) werden ihm die Giftstoffe entzogen. Mit dem Entsafter stelle ich Saft her. Ich nehme übrigens nicht nur die Beeren, sondern auch die feinen Rispen, an denen die Früchte hängen.

Für die Gesundheit
- **bei Gürtelrose**
- **heiß trinken bei Erkältungen**

Heilende Getränke

Rote Säfte

Im Frühjahr stärke ich meine Abwehrkräfte durch rote Säfte: schwarzer oder roter Johannisbeersaft, Holunderbeeren- oder Rote-Bete-Saft. Ich trinke zwei Wochen lang jeden Tag ein Likörgläschen, zweimal täglich.

Wer die Gerbsäure verträgt, kann auch Rotwein trinken.
Welchen Saft man wählt, spielt keine Rolle. Viele Menschen mögen Rote-Bete-Saft weniger, weil er sehr erdig schmeckt.

Für die Gesundheit

- **stärkt das Immunsystem**
- **bei Gürtelrose**

Obstessig-Trunk

- *Obstessig*
- *5 bis 6 Eierschalen von glücklichen Hühnern*

Nehmen Sie ein Weck- oder Schraubglas mit einem Fassungsvermögen von 500 ml und geben Sie die Eierschalen hinein. Füllen Sie dann mit Obstessig auf, aber nicht bis obenhin. Schrauben Sie das Glas danach zu und rühren Sie in den nächsten zwei Tagen ab und zu um.

Nach drei bis vier Tagen schwimmt nur noch die Haut der Eierschalen in der Flüssigkeit. Der Kalk hat sich im Essig aufgelöst. Dadurch verliert der Essig auch seinen sauren Geschmack.

Sie können den Obstessig-Trunk verdünnt ohne weiteres während des Essens trinken. Geben Sie 3 bis 4 cm des Essigs in ein Glas und füllen Sie es mit Wasser auf. Nehmen Sie alle paar Bisse einen Schluck von dem Essigwasser. Die Speisen verbrennen dann anders, Sie sind schneller satt.

Für die Gesundheit

- **hilft beim Abnehmen – über einen längeren Zeitraum beim Essen eingenommen**
- **gut fürs Herz**
- **entkalkt die Adern**
- **verdünnt das Blut auf natürliche Weise**

Salbei-Milch

- *10 frische Blätter vom Echten Salbei*
- *½ l Milch*

Schneiden Sie die Salbeiblätter klein und stellen Sie sie beiseite. Die Milch wird zum Kochen gebracht. Geben Sie den Salbei nun in den Topf und lassen Sie beides kurz aufkochen. Vom Herd nehmen und fünf bis zehn Minuten lang ziehenlassen. Danach werden die Salbeiblätter abgeseiht und die Milch kann getrunken werden.

Für die Gesundheit

- **lindert Husten**

Echter Salbei
(*Salvia officinalis*)

Schafgarbenwasser

- *1 gestrichener Teelöffel getrocknete Schafgarbe*
- *1 Glas Wasser, ersatzweise Sekt oder Wein*

Ein gestrichener Teelöffel getrocknete Schafgarbe wird durch ein feines Sieb gestrichen und dann in ein Glas Wasser eingerührt. Man trinkt das ganze Glas rasch aus.
Wenn man weitgehend genesen ist, kann man das Wasser durch Sekt und Wein ersetzen, außer man muss zum Beispiel noch Medikamente nehmen.

Für die Gesundheit
- **nach Operationen**
- **bei Hämorrhoiden**
- **bei Magen- und Darmproblemen**

Vitamintrunk

- *2 Grapefruits*
- *2 Orangen*
- *2 Zitronen*
- *1 Esslöffel Schnaps oder Lindenblüten- oder Holunderblütentee*
- *1 Esslöffel guter Honig*

Pressen Sie jeweils zwei Grapefruits, Orangen und Zitronen aus und erwärmen Sie den Saft, aber nicht über 60 °C, weil ansonsten zu viele der Vitamine zerstört werden. Mischen Sie einen Esslöffel Honig und Schnaps darunter und nehmen Sie das Getränk möglichst warm (heiß) zu sich.

Alternativ: Statt des Schnapses kann Lindenblütentee oder Holunderblütentee verwendet werden. Beide stellt man her, in dem man 1/8 Liter Wasser mit einem gestrichenen Esslöffel des trockenen Krautes aufbrüht und zehn Minuten lang zugedeckt ziehen lässt.

Für die Gesundheit
- **Wenn man merkt, dass eine Erkältung oder ein grippaler Infekt aufzieht, dann nimmt man ein Kräuterbad und trinkt anschließend auf einmal und möglichst heiß (aber Achtung, verbrennen Sie sich nicht) den Vitamintrunk. Danach geht's sofort ins vorgewärmte Bett. Man kann dann gut schwitzen und wird mit dem Infekt besser fertig.**

ACHTUNG: *Das Getränk enthält sehr viel Säure, deshalb sollten ihn Menschen mit einem schwachen Magen nicht oder nur die Hälfte davon nehmen.*

Wasser

Wasser ist das wertvollste Nahrungsmittel, das wir haben. Es bringt Klarheit. Ich trinke jeden Tag nach dem Aufstehen ein großes Glas mit Wasser, einen viertel bis halben Liter, das Körpertemperatur hat. In der Nacht schwitzt man bis zu 0,4 l Wasser aus. Das Glas am Morgen füllt das wieder auf, außerdem fördert es den Stuhlgang.

Für die Gesundheit
- **fördert die Verdauung**
- **bringt Klarheit**

Zwiebel-Milch

- *1 Zwiebel*
- *¼ l Milch*

Eine Zwiebel wird mit einem groben Gurkenhobel aufgerieben. Der Brei kommt in Milch. Beides wird aufgekocht und auf dem Herd zehn Minuten lang geköchelt. Achten Sie darauf, dass die Milch nicht überkocht. Danach nimmt man die Zwiebel-Milch langsam zu sich.

Für die Gesundheit
- **gut für Magen und Darm**

Bäder, Öle, Haarwasser und Salben

Es ist gar nicht schwer, sich ein heilkräftiges Bad, ein gutes Haarwasser oder eine Ringelblumensalbe selbst herzustellen. Legen Sie schon beim Sammeln der Kräuter oder beim Kauf der Zutaten und umso mehr bei der Herstellung der Mischung oder beim Rühren der Salbe Ihre ganze positive Energie und Kraft mit in das Heilmittel. Nach meiner Erfahrung hilft es dann besser. Sei es Ihnen selbst oder der Person, für die Sie das Mittel hergestellt haben. Sie können bei der Zubereitung auch beten und Gott um Heilung bitten. Auf den folgenden Seiten habe ich für Sie meine besten Rezepte zusammengestellt.

Johanniskraut
(Hypericum perforatum)

Voll- und Teilbäder

Apfelessig-Bäder und -Waschungen

- *Apfelessig*

Auch wenn Sie in den Wechseljahren unter Problemen wie Schweißausbrüchen oder Depressionen leiden, denken Sie positiv. Es geht wieder vorüber. Wenn Sie zu stark schwitzen, dann können Apfelessig-Bäder oder Waschungen mit Apfelessigwasser helfen.

Für ein Vollbad brauchen Sie 0,7 Liter Apfelessig. Baden Sie darin etwa 20 Minuten. Während des Bades sollten Sie ab und zu die Haut mit der Hand abstreifen.
Für die Waschungen geben Sie einen Viertelliter Apfelessig in ein Waschbecken und füllen es mit Wasser auf.

Für die Gesundheit

- **gegen starkes Schwitzen in den Wechseljahren**

TIPP: *Die Wechseljahre sind ein ganz normaler Abschnitt im Leben jeder Frau. Ich wundere mich darüber, wie kompliziert das Ganze in der heutigen Zeit gemacht wird. Man ist nicht krank, sondern eben im Wechsel. Jede Zeit im Leben einer Frau hat ihre Vor- und Nachteile. Bitte vergessen Sie das nicht. Wenn die Wechseljahre vorbei sind, haben Sie meist mehr Zeit für sich und Ihren Partner. Man ist ruhiger geworden und kann die Tage oft in anderer Art und Weise genießen, man muss sich meistens nicht mehr so sehr abhetzen.*

Baldrian-Vollbad

- *100 g Baldrianwurzel*
- *3 l Wasser*

Die Baldrianwurzel wird mit drei Liter Wasser zum Kochen gebracht. Zehn Minuten köcheln lassen, dann über ein Sieb ins Badewasser geben. Baden Sie 10 bis 15 Minuten lang darin. Streifen Sie währenddessen die Haut ab. Reiben Sie sich nach dem Bad mit Johanniskrautöl ein.

Für die Gesundheit

- **bei nervös bedingten Einschlafstörungen**
- **beruhigt**

Arznei-Baldrian (*Valeriana officinalis*)

Fußbad aus Beinwellsud

- *2 Hand voll getrockneter oder frischer Blätter des Gewöhnlichen Beinwells*
- *2 bis 3 l Wasser*

Nehmen Sie die zerkleinerten Beinwellblätter, die in einem älteren Topf etwa drei Minuten in zwei bis drei Liter Wasser gekocht werden. Danach lassen Sie die Flüssigkeit abkühlen. Sie können darin Hände oder Füße baden und werden eine bessere Durchblutung feststellen. Lassen Sie die Kräuter drin, sie können den Sud einige Tage lang benutzen.

Für die Gesundheit

- **bei Durchblutungsstörungen**

Umschläge aus Beinwellsud

Sie können mit dem Beinwellsud, so wie er im vorher beschriebenen Rezept hergestellt wird, auch Umschläge machen. Sie werden um das betroffene Körperteil gelegt und Sie müssen sie alle paar Stunden erneuern.

Für die Gesundheit

- **bei Durchblutungsstörungen**

TIPP: *Bei kalten Füßen hilft Folgendes: Bürsten Sie Ihre Füße zuerst trocken in kreisenden Bewegungen. Fangen Sie stets an den Zehen an und arbeiten Sie Richtung Schenkel, nie umgekehrt. Nehmen Sie dann ein Fußbad mit Beinwell. Am besten ist es, man macht dies öfter am Tag.*

Hänge-Birke (*Betula pendula*)

Bad mit Birkentee

- *2 große Hände voll Birkenblätter*
- *1 l Wasser*

Stellen Sie einen Tee oder Sud aus Birkenblättern her. Zwei große Hände getrockneter Birkenblätter werden fein zerrieben und in einem kalten Liter Wasser angesetzt, zum Kochen gebracht und zehn Minuten lang geköchelt.

Danach ein paar Stunden stehenlassen. Geben Sie den Sud über ein Sieb ins Badewasser. Baden Sie etwa 20 Minuten lang.

Für die Gesundheit

- **bei Fettleibigkeit**
- **gut für die Haut**

Voll- und Teilbäder

Dampfsitzbad bei Blasenentzündungen

- *Zinnkraut*
- *Schafgarbe*
- *Brennnessel*
- *Echter Salbei*

– zu je gleichen Teilen –

Nehmen Sie etwa zwei Hände voll der oben genannten Mischung und geben Sie alles in einen Topf mit kaltem Wasser. Kochen Sie das Ganze auf und lassen Sie den Sud etwa zehn Minuten lang köcheln. Den Sud gibt man in eine Schüssel, die man in die Toilette einhängen kann oder einen alten Topf, den man in die Toilette stellt. Achten Sie darauf, dass alles sehr heiß ist, damit viel Dampf aufsteigen kann. Das ist sozusagen ein Dampfbad für den Unterleib.

Nun setzen Sie sich über dieses Dampfbad. Es ist wichtig, dass Ihre Nieren bedeckt sind, zum Beispiel mit einem Handtuch, damit Sie sich nicht verkühlen. Genießen Sie dieses Dampfbad mindestens zehn Minuten. Gehen Sie danach am besten gleich ins vorgewärmte Bett, ohne sich vorher abzutrocknen.

Der Sud muss nach einem Dampfbad nicht weggeschüttet werden, sondern kann an ein paar Tagen hintereinander immer wieder heißgemacht werden.

Für die Gesundheit

- **unterstützend bei der Heilung von Blasenentzündungen**

Bäder und Umschläge aus Eichenrinde

- *eine Hand voll Eichenrinde aus der Apotheke*

Damit Entzündungen schneller abheilen, empfehle ich Bäder, Waschungen oder Umschläge aus einem Sud, der aus Eichenrinde hergestellt worden ist.

Die Rinde sammle ich übrigens nicht, ich kaufe sie, weil es dem Baum schadet, wenn ich sie abschäle.

Kochen Sie eine Hand voll der Eichenrinde zehn Minuten lang in einem großen alten Topf mit Wasser. Lassen Sie danach das Ganze einige Stunden ziehen. Abseihen, fertig.

Umschläge müssen alle paar Stunden erneuert werden.

Eichenrinde enthält viele Gerbstoffe. Der Sud daraus sollte nicht in emaillierten Badewannen angewendet werden, sie könnten zu Schaden kommen.

Für die Gesundheit

- **bei Ekzemen, Hautausschlägen und Flechten**
- **Bei Fußschweiß können Fußbäder aus Eichenrindensud helfen.**
- **Bei Hämorrhoiden kann man es mit lauwarmen Sitzbädern probieren.**

TIPP: *Die Eichenrinde enthält Gerbsäure, die so stark ist, dass Sie Eichenrindensud nicht in einer emaillierten Badewanne anwenden sollten. Denn diese Badewanne kann zu Schaden kommen. Ich empfehle Zink- oder Plastikwannen.*

Badezusatz aus Fichtennadeln

- *zwei große Handvoll der Gewöhnlichen Fichte*

Die Maitriebe kommen in einen großen Topf und werden zehn Minuten lang in reichlich Wasser gekocht. Nehmen Sie den Topf vom Herd, lassen Sie das Ganze einige Stunden lang ziehen und seihen Sie dann ab. Der Sud kommt ins Badewasser.

Für die Gesundheit

- **erfrischt und belebt**

TIPP: *Nehmen Sie das Fichtennadelbad wegen seiner belebenden Wirkung nicht am Abend. Danach kann man nicht mehr gut schlafen.*

Kernseifen-Fußbad

- *Kernseife*
- *Wasser*

Eine Ecke der Kernseife wird aufgeraspelt und in Wasser aufgelöst. Geben Sie das Kernseifenwasser in ein Fußbad und baden Sie Ihre Füße darin zehn Minuten. Danach abtrocknen und die von Pilz befallenen, aufgeweichten Nägel vorsichtig abfeilen.

Dann geben Sie Ballistol (Gewehröl) aus der Apotheke oder einem Waffengeschäft auf die abgefeilten Nägel. Nachts werden Strümpfe angezogen. Wiederholen Sie das Bad immer wieder. Sie können jedes Fußbad fünf bis sieben Mal hintereinander benutzen. Danach müssen Sie wieder neue Kernseife auflösen.

Für die Gesundheit

- **bei Fußnagelpilz**

Kräuterbäder

Für ein Kräuterbad werden zwei Hände voll Kräuter – entweder Kräutermischung oder Einzelkrautanwendung – fünf bis zehn Minuten lang gekocht. Danach lässt man das Ganze einige Stunden stehen und gießt den Sud dann über ein Sieb in die Badewanne. Nach dem Baden mit Johanniskrautöl einreiben.

Für die Gesundheit

- **Lavendelblüten und -stängel zur Beruhigung und bei Einschlafstörungen**
- **Echter Salbei lindernd bei Hautproblemen, Flechten und Neurodermitis**
- **Melisse bei Einschlafstörungen**
- **Zinnkraut bei Gelenkproblemen**

Lavendel beruhigt und hilft Ihnen beim Einschlafen.

Voll- und Teilbäder

Ischias-Bad

- *zwei Handvoll Kräuter (gemischt)*
- *Johanniskrautöl*
- *wenn vorhanden, ¼ l Retterspitz® Äusserlich*

Leiden Sie unter Ischiasschmerzen, kann ein Kräuterbad mit anschließendem Einreiben mit Johanniskrautöl helfen. Zwei Hände voll Kräuter werden fünf bis zehn Minuten lang gekocht. Danach lässt man das Ganze einige Stunden stehen und gießt den Sud dann über ein Sieb in die Badewanne. Wenn Sie Retterspitz® Äusserlich (Apotheke) im Haus haben, dann geben Sie zusätzlich etwas davon ins Badewasser. Nach dem Baden und Abtrocknen mit Johanniskrautöl einreiben und sofort ins vorgewärmte Bett gehen.

Für die Gesundheit
- **hilft bei Ischiasschmerzen**

Johanniskrautöl hilft Ihnen bei vielen gesundheitlichen Problemen, ich empfehle es gerne für die Haut.

Johanniskraut-Honig-Bad

- *½ Tasse Johanniskrautöl*
- *½ Tasse guter Honig*

Verrühren Sie das Johanniskrautöl und den Honig gut miteinander und geben Sie alles in das heiße Badewasser. Das Verrühren muss sein, da sich dadurch das Öl mit dem Wasser vermischt.

Für die Gesundheit
- **hilft bei depressiven Verstimmungen**
- **gut bei Hautproblemen**

Lindenblüten-Bad für Kinder

- *zwei Hand voll Lindenblüten und -blätter (trocken) und eventuell Johanniskraut*
- *Johanniskrautöl*

Nehmen Sie zwei Hand voll Lindenblüten und -blätter und kochen Sie sie zehn Minuten in Wasser auf. Geben Sie diesen Sud über ein Sieb ins Badewasser und lassen Sie die Kinder darin baden. Zusätzlich kann man Johanniskraut dazunehmen oder nach dem Baden die Kinder mit Johanniskrautöl leicht einreiben. Viele Eltern haben mir berichtet, dass ihre Kinder nach diesem Bad wunderbar geschlafen haben.

Für die Gesundheit
- **hilft Kindern, aber auch Erwachsenen, die schlecht einschlafen können**

TIPP: *Eine Wohltat ist es auch, wenn man einen Strumpf mit Lindenblüten füllt, zubindet, mit ins Badewasser nimmt und den ganzen Körper damit abreibt.*

Salbei-Sud-Abreibungen

- *¼ l Salbeitee*
- *¼ l Apfelessig*

Kochen Sie einen Salbeitee (siehe Seite 29) und lassen Sie ihn abkühlen. Vermischen Sie den Apfelessig und den Tee miteinander. Fertig. Vor dem Schlafengehen kann man den Körper mit dem Sud abreiben.

Für die Gesundheit

- **hilft bei Schweißausbrüchen, vor allem in den Wechseljahren**

Thymian-Bad

- *2 große Hände voll getrockneter Echter Thymian*
- *Johanniskrautöl*

Für ein Thymian-Bad kaufen Sie Thymian am besten im Großhandel. Zwei große Hände voll müssen Sie zehn Minuten lang in zwei bis drei Liter Wasser kochen und das Ganze dann ein paar Stunden stehenlassen.

Den Sud über ein Sieb ins Badewasser schütten und darin 20 Minuten liegen. Während des Badens mit den Händen immer die Haut abstreifen. Nach dem Abtrocknen mit Johanniskrautöl einölen.

Für die Gesundheit

- **bei Bewegungsstörungen**

Eine junge Frau kam Hilfe suchend zu mir. Sie hatte eine Tochter, die komisch lief, die Muskelbewegungen stimmten nicht so ganz. Ich habe ihr Thymian-Bäder empfohlen. Das Mädchen konnte sich sehr stabilisieren.

◀ Salbei, zum Trocknen aufgehängt

Wacholder-Vollbad

- *wenige Zweige des Gewöhnlichen Wacholders (je nach Größe)*

Geben Sie die Wacholderzweige in zwei bis drei Liter Wasser und kochen Sie 20 Minuten lang einen Sud daraus. Lassen Sie den Sud ein paar Stunden stehen und gießen Sie ihn dann über ein Sieb ins Badewasser. Genießen Sie dieses Bad eine halbe Stunde.

Wenn es zwischendurch zu kalt wird, lässt man warmes Wasser nachlaufen. Legen Sie sich anschließend in ein angewärmtes Bett.

Für die Gesundheit

- **bei Rheuma, Gicht und Gelenkschmerzen**
- **bei Schuppenflechte**
- **schweißtreibend, entgiftend**

Voll- und Teilbäder

Sud aus Walnussblättern

- *2 Hand voll trockene Walnussblätter*
- *2 l Wasser*

Kochen Sie die Walnussblätter 20 Minuten lang in zwei bis drei Liter Wasser. Abseihen und den Sud nun einige Stunden lang stehenlassen. Danach ist er fertig.

Für die Gesundheit

- **bei Fußschweiß: Nehmen Sie mehrere Wochen lang abends ein Fußbad. Sie können das Fußbad drei Tage hintereinander verwenden und dann ein neues herstellen.**
- **bei Akne und Ekzemen: Tränken Sie ein steriles Tuch mit dem Sud und legen Sie es für anderthalb bis zwei Stunden auf die betroffene Hautstelle. Man kann die Prozedur bei Bedarf noch ein- oder zweimal wiederholen.**

TIPP *für alle, die Echten Salbei im Garten haben: Im Herbst wird der Salbei zurückgeschnitten und alles getrocknet. Werfen Sie nichts von dieser kostbaren Pflanze weg.*

Wohltätigkeitsbäder

- *Kräuterreste und, wenn vorhanden,*
- *Johanniskraut*
- *Brennnessel*
- *Schafgarbe*
- *Echter Salbei*
- *Zitronenmelisse*
- *nach Belieben Walnussblätter*

Aus diesen getrockneten, zerkleinerten Kräutern können Sie wunderbare „Wohltätigkeitsbäder" herstellen. Nehmen Sie zwei große Hände voll der Kräuterreste und kochen Sie sie zehn Minuten in einem Topf mit Wasser. Lassen Sie das Ganze danach neben der Herdplatte drei bis vier Stunden ziehen und geben Sie den Sud über ein Sieb ins Badewasser. Baden Sie etwa 20 Minuten und ruhen Sie sich dann in einem vorgewärmten Bett aus.

Für die Gesundheit

- **helfen der Atmung, den Bronchien und der Lunge**
- **gut für den ganzen Körper**
- **dienen der Regeneration, aber auch dem Abschwitzen: Schlacken können aus dem Körper abtransportiert werden**

Öle

Johanniskrautöl

- *Knospen und auch Blüten und kleine Blättchen des Johanniskrauts*
- *gutes Olivenöl*

Besonders gern verwende ich Johanniskrautöl, das ich immer selbst herstelle. Zuerst werden die Knospen und frischen Blüten im Mörser zerstoßen. Dann füllt man sie in eine weithalsige, durchsichtige, klarweiße Glasflasche, so dass ein Drittel des Gefäßes voll ist. Nun gibt man das Olivenöl dazu. Die volle und verschlossene Flasche muss sechs Wochen warm und an einem sonnigen Ort stehen. Danach hat das Öl die typische rote Farbe angenommen und kann verwendet werden.

Für die Gesundheit

Zur äußerlichen Anwendung:

- **bei Sonnenbrand und frischen Verletzungen**
- **bei Ausschlägen, Geschwüren oder Schuppenflechte: Reiben Sie die Haut nach Heilwaschungen oder -bädern mit dem Öl ein.**
- **bei Akne: Reiben Sie die Gesichtshaut nach Gesichtsdampfbädern ein.**
- **Bei Blähungen können Sie nach einem warmen Bad den Bauch mit dem Heilöl einreiben.**

Haarwasser

> **Äußerlich angewendet ist Johanniskrautöl für den ganzen Körper gut. Achten Sie darauf, dass die Haut erwärmt ist. Dann kann das Öl optimal einziehen und helfen.**

Lavendelöl

- *getrocknete Lavendelblüten*
- *kaltgepresstes Olivenöl*

Eine weithalsige, durchsichtige, klarweiße Flasche wird zur Hälfte mit trockenen Lavendelblüten gefüllt. Dann gießt man mit dem Olivenöl auf und verschließt die Flasche. Sie muss an einem sonnigen und warmen Platz sechs Wochen lang aufgestellt werden. Während dieser Zeit ab und zu schütteln und zum Belüften öffnen. Danach müssen Sie die Lavendelblüten abseihen. Reiben Sie die Stirn mit dem Öl ein.

Für die Gesundheit
> **äußerlich: bei Kopfschmerzen**

BITTE BEACHTEN:
Das Heilöl darf nur äußerlich angewendet werden, und die Blüten müssen vorher abgesiebt werden.

Birkenwasser fürs Haar

Sammeln Sie Birkenwasser, so wie das auf Seite 80 beschrieben wird. Massieren Sie etwas davon jeden Abend (Morgen) in das Haar ein.

Für die Gesundheit
> **kräftigt das Haar**
> **kann gegen Haarausfall helfen**

TIPP: Haarausfall kann von Mineralmangel kommen. Achten Sie darauf und nehmen Sie gegebenenfalls zusätzliche Mineralien (Apotheke, Drogerien) zu sich.

HINWEIS: *Es ist bekannt, dass es in der Naturheilkunde eine Erstverschlimmerung geben kann. Nicht aufgeben, weitermachen, dann stellt sich meist eine Besserung ein.*

Haarwasser aus Brennnesseln

- *3 bis 4 Stängel Brennnesseln*
- *1 l Wasser*

Die Brennnesseln werden zerkleinert, in einen Topf gegeben und mit einem Liter kaltem Wasser übergossen. Kochen Sie das Ganze dann fünf Minuten lang. Nehmen Sie den Topf anschließend vom Herd und lassen Sie den Sud einige Stunden lang ziehen. Danach wird abgeseiht.

Der Sud wird abends mit einem Zerstäuber aufs Haar gegeben und einmassiert. Dann bedeckt man das feuchte Haar mit einem Kopftuch und lässt die Wirkstoffe über Nacht einwirken.

Für die Gesundheit
> **kräftigt das Haar**
> **kann gegen Haarausfall helfen**

TIPP: *Ich rate immer dazu, das Haar am nächsten Morgen nicht zu waschen, sondern frühestens wieder am darauffolgenden Morgen.*

◄ Wenn Sie Birkenwasser sammeln, bedanken Sie sich bei „Ihrer" Birke.

Salben

Meine Dreifachsalbe

- *500 g Schweinefett*
- *Schafgarbe (Blüten und Blättchen, frisch)*
- *Ringelblume (frische Blüten und die frischen kleinen Blättchen, solange sie keinen Mehltau haben)*
- *frische Himbeerblätter (die Spitze von den Himbeerblättern oder die jüngeren Blätter)*

– zu je gleichen Teilen –

Nehmen Sie eine große Hand voll von der Mischung, die zu gleichen Teilen aus Schafgarbe, Ringelblumen und Himbeerblätter besteht. Die Pflanzenteile müssen frisch sein. Sie werden zerkleinert und beiseitegelegt.

Erwärmen Sie das Schweinefett auf dem Herd und geben Sie die Pflanzenmischung in das Schweinefett, dann umrühren und vier bis fünf Minuten köcheln lassen. Bitte am Herd bleiben, nicht rausgehen. Nehmen Sie den Topf dann vom Herd und lassen Sie das Ganze drei, vier Tage stehen. Danach noch einmal erwärmen.

Geben Sie die Masse durch ein Tuch und ein Sieb, zum Schluss fest ausdrücken und in Töpfchen geben, die verschlossen werden. Diese werden dann im Kühlschrank aufbewahrt. Kochen Sie nie zu viel, sondern stellen Sie die Salbe immer wieder frisch her, damit sie im Kühlschrank nicht ranzig wird.

Für die Gesundheit

- **äußerlich: bei fast allen Hautproblemen, bei Hautverletzungen**
- **äußerlich: bei Hämorrhoiden**

Ich habe immer etwas Ringelblumensalbe im Kühlschrank, sie hilft bei kleineren Hautverletzungen.

Ringelblumensalbe

- *1 große Hand voll Ringelblumenblüten, -blättchen und -stiele (frisch, so lange sie noch keinen Mehltau haben)*
- *500 g Schweinefett*

Die Pflanzenteile werden zerkleinert und das Schweinefett erhitzt, dann die Heilpflanzenteile hineingegeben. Das Ganze muss zehn Minuten köcheln und wird danach für drei Tage neben den Herd gestellt. Am vierten Tag erhitzt man den Topf noch einmal und drückt die Masse durch ein Tuch. Die Salbe wird in kleine Gefäße abgefüllt und man lässt sie abkühlen. Bewahren Sie sie danach verschlossen und kühl auf.

Stellen Sie immer nur so viel Salbe her, wie Sie in kurzer Zeit aufbrauchen können.

Für die Gesundheit

- **bei eitriger Mandel- oder Halsentzündung, bei Mundschleimhautentzündungen und Mundfäule**
- **bei Kehlkopfproblemen oder Heiserkeit**

Salbeisalbe

- *2 Esslöffel frische Blätter vom Echten Salbei*
- *250 g Schweinefett*

Zwei Esslöffel frische Salbeiblätter werden zerkleinert – wenn noch nicht geschehen. Danach zerstößt man sie im Mörser. Das Schweinefett kommt in einen Topf und wird erhitzt. Dann gibt man den Salbei dazu. Köcheln Sie das Ganze vier bis fünf Minuten lang.

Nun nimmt man den Topf vom Herd und lässt das Ganze drei Tage lang stehen. Danach erwärmt man das Gemisch noch einmal und drückt die Masse anschließend durch ein Tuch in die Salbentöpfchen. Bewahren Sie die verschlossenen Töpfchen im Kühlschrank auf. Ich rate dazu, immer nur wenig Salbe auf einmal herzustellen, die schnell verbraucht werden kann.

Für die Gesundheit

- **äußerlich: bei entzündeten Hautstellen**

Schafgarbensalbe

- *1 Hand voll Schafgarbe (frisch)*
- *500 g Schweinefett*

Nehmen Sie eine Hand voll Kräuter und köcheln Sie sie in echtem Schweinefett vier bis fünf Minuten. Bleiben Sie am Herd! Nehmen Sie das Ganze vom Herd und lassen Sie es drei Tage stehen. Danach wärmen Sie das Gemisch noch einmal an, geben es durch ein Tuch, drücken es aus und füllen es in kleine Gefäße ab.

Nach dem Abkühlen werden die Gefäße verschlossen im Kühlschrank aufbewahrt. Stellen Sie immer nur so viel Salbe her, wie Sie in kurzer Zeit verbrauchen können. Es ist besser, die Salbe immer wieder frisch herzustellen.

Für die Gesundheit

- **äußerlich: bei Hämorrhoiden**

Wacholdersalbe

- *grüne Wacholderbeeren vom Gewöhnlichen Wacholder*
- *ungesalzene Butter*

Nehmen Sie die grünen Wacholderbeeren, quetschen Sie sie und vermischen Sie sie mit der gleichen Menge ungesalzener Butter. Die Salbe ist sofort gebrauchsfertig und wird auf die befallenen Stellen gerieben.

Immer frisch herstellen. Im Kühlschrank kann man die Salbe einige Tage aufheben.

Gewöhnlicher Wacholder (*Juniperus communis*)

Für die Gesundheit

- **äußerlich: bei Schuppenflechte**

Schmalz
topf

Kräuter-schnäpse und Liköre

Auf den folgenden Seiten finden Sie 14 Rezepte für heilkräftige Schnäpse und Liköre aus Kräutern. Richtig angewendet sind sie hochwertige Heilmittel und können bei allerlei gesundheitlichen Problemen helfen. Nehmen Sie aber nie zu viel Alkoholika zu sich. Ich habe nichts gegen ein gelegentliches Glas Bier oder Wein einzuwenden, aber eben nicht regelmäßig. Während der Schwangerschaft sollten Sie ganz auf Alkohol verzichten.

Eberesche
(*Sorbus aucuparia*)

Mein Bärlauchwein, ein Aperitif bei Magen- und Darmproblemen.

Bärlauchblüten-Wein

- *2 Hand voll Bärlauchblüten*
- *½ l trockener Weißwein*

Die voll aufgeblühten Bärlauchblüten werden vorsichtig gewaschen und mit einem Küchentuch getrocknet. Sie kommen dann in eine weithalsige, durchsichtige, klarweiße Flasche.

Gießen Sie mit trockenem Weißwein auf, verschließen Sie die Flasche und stellen Sie alles sechs Wochen lang sonnig und warm auf. Öffnen Sie die Flasche während dieser Zeit ab und zu (zur Belüftung).

Ich empfehle ein Likörglas pro Tag als Aperitif zu nehmen.

Für die Gesundheit

- **für Magen und Darm**

HINWEIS: *Wenn man anfängt sich mit seiner Krankheit zu beschäftigen, beginnt die Heilung.*

Schnaps aus Bärlauchblättern

- *Bärlauchblätter (geerntet, bevor sich Knospen gebildet haben)*
- *klarer Schnaps (38 bis 43%ig)*

Schneiden Sie gewaschene und durch ein Sieb etwas trocken geschleuderte Bärlauchblätter klein und füllen Sie damit etwa ein Drittel einer weithalsigen, durchsichtigen, klarweißen Glasflasche. Gießen Sie mit klarem Schnaps auf und lassen Sie die Flasche sechs Wochen sonnig und warm stehen. Danach ist der Schnaps gebrauchsfertig.

Ich empfehle von diesem Schnaps täglich zweimal zwölf Tropfen (entspricht je einem halben Teelöffel) in etwas Flüssigkeit einzunehmen.

Für die Gesundheit

- **gut für das Gehirn**
- **kann einer Verkalkung vorbeugen**

BITTE VORSICHT:
Es darf beim Sammeln von Bärlauch keine Verwechslung mit der Herbstzeitlose oder den Blättern des Maiglöckchens stattfinden. Diese beiden darf man wegen der Giftigkeit auf keinen Fall essen oder weiterverarbeiten.

Schnaps aus Bärlauchzwiebeln

- *Bärlauchzwiebeln*
- *klarer Schnaps*

Graben Sie ab Ende November Bärlauchzwiebeln aus. Sie müssen sich ganz sicher sein, dass Sie die richtigen Zwiebeln gesammelt haben!

Nachdem Sie sie gewaschen, geputzt und kleingeschnitten haben, füllen Sie eine weithalsige, durchsichtige, klarweiße Glasflasche zu einem Drittel mit kleinen, geschnittenen Zwiebelchen. Gießen Sie sie mit einem klaren Schnaps auf und lassen sie das Ganze mindestens sechs Wochen lang warm und sonnig stehen. Dann ist der Schnaps fertig.

Ich empfehle zweimal täglich jeweils zwölf Tropfen mit etwas Wasser verdünnt einzunehmen.

Für die Gesundheit

- **hilft bei zu hohem Blutdruck**

Brennnessel-Obstler

- *2 Hand voll junge Brennnesselblätter*
- *½ l Obstler*

Sammeln Sie junge, zarte Brennnesselblätter und schleudern Sie sie aus, so dass Insekten und Dreck abgeschüttelt werden. Die Blätter werden dann in eine weithalsige, durchsichtige, klarweiße Flasche gegeben und mit einem halben Liter Obstler aufgefüllt und verschlossen.

Das Ganze muss sechs Wochen an einem warmen und sonnigen Platz stehen. Während dieser Wochen muss man die Flasche ab und zu öffnen.
Bei Bedarf nimmt man täglich einen Esslöffel ein.

Für die Gesundheit

- **gut für den ganzen Organismus**
- **reinigt Magen und Darm**

Ebereschen-Schnaps

- *Beeren der Eberesche*
- *klarer Schnaps*

Aus gesammelten, gewaschenen Ebereschenbeeren setze ich Schnaps an. Ich lege die Beeren vor der Verwendung einige Tage in die Tiefkühltruhe. Von den gefrorenen Beeren der Eberesche gebe ich so viele, ohne Rispen, in eine weithalsige Glasflasche, bis sie halbvoll ist. Nun mit klarem Schnaps bis obenhin auffüllen. Dann kommt alles sechs Wochen in die Sonne oder Wärme. Während dieser Zeit sollten Sie die Flasche ab und zu schütteln. Danach ist der Schnaps fertig. Nehmen Sie dreimal täglich einen Teelöffel.
Wenn Sie die Beeren der Eberesche nicht sammeln können, dann ist es möglich, getrocknete Beeren, zum Beispiel in der Apotheke, zu kaufen. Auch damit können Sie den Schnaps ansetzen. Geben sie die Beeren in eine Schüssel und bedecken Sie sie gerade mit Wasser. Lassen Sie das Ganze ein paar Tage stehen, damit die Beeren aufquellen können. Gießen Sie die gequollenen Beeren durch ein Sieb ab. Jetzt können Sie dem Rezept wie oben beschrieben folgen.

Für die Gesundheit

- **Bei hohem Augendruck empfehle ich dreimal täglich 20 Tropfen einzunehmen. 20 Tropfen entsprechen etwa einem Teelöffel.**

BITTE VORSICHT:
Bei allen Augenproblemen, auch den Augendruck betreffend, müssen Sie in ärztliche Behandlung.

Meerrettich-Wein

- *1 Meerrettichwurzel*
- *1 l Weißwein*

Schneiden Sie ein Stück einer Meerrettichwurzel in etwa 2,5 cm dicke Scheiben. Zehn dieser Scheiben gibt man in einen Liter Weißwein und lässt das Ganze zehn Stunden lang ziehen.

Bei Nierensteinen trinken Sie zweimal täglich ein Likörglas davon. Beginnen Sie am besten bei abnehmenden Mond und führen Sie die Behandlung mehrere Wochen hintereinander fort.

Für die Gesundheit

- **bei Nierensteinen**

BITTE VORSICHT:
Wenn die Nierensteine zu groß geworden sind, darf man sie nicht einfach lösen, da das eine Kolik geben kann. Lassen Sie das beim Arzt abklären.

Quitten in Obstler

- *Quitte (frisch)*
- *Obstler*

Zerkleinern Sie Quitten und nehmen Sie das Kerngehäuse heraus. Geben Sie so viel von der Quitte in eine weithalsige, durchsichtige, klarweiße Flasche, dass ein Drittel der Flasche gefüllt ist.

Ich mag die Quitte sehr gerne, sie ist eine der letzten Früchte aus dem Garten und räumt mit den Giftstoffen im Körper auf.

Dann wird mit dem Alkohol aufgefüllt. Stellen Sie das Gefäß für acht Wochen an einen warmen, sonnigen Platz. Ab und zu umrühren oder schütteln.

Für die Gesundheit

- **hilft bei Magenbeschwerden (wenn man ein komisches Gefühl im Magen hat)**

Rotwein mit Echtem Salbei

- *1 Hand voll frischer Salbeiblätter*
- *1 l Rotwein*

Waschen Sie die Salbeiblätter. Zerkleinern Sie die Blättchen und geben Sie sie zusammen mit dem Rotwein in einen Topf. Das Ganze zum Kochen bringen und eine Minute lang kochen. Danach wird der Topf vom Herd genommen und 24 Stunden lang in Ruhe gelassen, dann abseihen.

Von diesem Rotwein nimmt man zweimal pro Tag ein Likörglas.

Für die Gesundheit

- **hilft bei Magenproblemen**
- **bei Sodbrennen**

Schafgarben-Schnaps

- *frische Schafgarbe*
- *Obstler oder klarer Schnaps*

Geben Sie so viel Schafgarbe in eine weithalsige, durchsichtige, klarweiße Flasche, dass ein Drittel der Flasche gefüllt ist. Dann wird mit dem Alkohol aufgefüllt. Stellen Sie das Gefäß für sechs Wochen an einen warmen, sonnigen Platz. Ab und zu umrühren oder schütteln.

Für die Gesundheit

- **hilft bei Magen- und Darmbeschwerden (ein Likörglas trinken)**

Wacholder mit unreifen Beeren

Wacholderbeeren ▶

Wacholder-Schnaps für den Magen

- *2 Zweige mit reichlich Beeren vom Gewöhnlichen Wacholder*
- *1 Hand voll Wacholderbeeren*
- *klarer Schnaps oder Obstler*

Nehmen Sie eine weithalsige, durchsichtige, klarweiße Glasflasche und stecken Sie die Wacholderzweige mit reichlich Beeren daran hinein. Versuchen Sie den Zweig wie eine Spirale hineinzudrehen. Zusätzlich sollten Sie eine Hand voll gequetschter Wacholderbeeren mit hineingeben.

Nun füllt man mit einem guten Obstler oder klarem Schnaps auf. Stellen Sie die Flasche nun sechs Wochen an einem warmen, sonnigen Ort auf. Danach hat sich der Schnaps bräunlich verfärbt.

Bei Problemen mit Magen und Darm kann man ein halbes Likörglas davon trinken, am besten vor dem zu Bett gehen. Harntreibend und blutreinigend wirken ein bis zwei Likörgläser am Tag.

Für die Gesundheit

- **gut für Magen und Darm**
- **wirkt harntreibend**
- **reinigt das Blut**
- **Bei Rheuma und Gelenkschmerzen reibt man die betroffenen Stellen mit der Tinktur ein.**

BITTE BEACHTEN:
Bei Nierenproblemen und während der Schwangerschaft darf man keine Wacholderbeeren oder aus ihnen hergestellte Lebens- und Heilmittel verwenden oder einnehmen.

So müssen die Nüsse aussehen, die ich für meinen Magenbitter (Rezept rechts) brauche.

Wacholderbeer-Wein

- *50 g Wacholderbeeren vom Gewöhnlichen Wacholder*
- *1 l Rotwein*

Die Wacholderbeeren werden in einem Mörser zerdrückt. Die gequetschten Beeren kommen zusammen mit dem Rotwein in einen Topf. Bringen Sie das Ganze zum Kochen und lassen Sie es eine Minute lang kochen. Dann 48 Stunden lang ruhig ziehenlassen, schließlich abseihen.

Sie können pro Tag ein bis zwei Likörgläschen zu sich nehmen.

Für die Gesundheit

- **hilft Magen und Darm**
- **regt den Appetit an**
- **hilft bei Ödemen (Wasseransammlungen)**

Magenbitter aus der Walnuss

- *20 grüne, unreife Walnüsse*
- *1 Hand voll Wacholderbeeren*
- *5 bis 6 Nelken*
- *2 Stangen Zimt*
- *klarer Schnaps*

Wenn sich die grünen, kleinen Nüsse entwickeln, ernte ich einige, um daraus meinen allerbesten Magenbitter herzustellen. Wichtig ist, dass die Nüsse noch total grün sind, die Nussform kann man innen aber schon erkennen.

Ich schneide die Nüsse wie eine Wurst in Scheiben und stecke sie in ein Weckglas. Dann quetsche ich die Wacholderbeeren und gebe sie dazu. Nun noch Nelken und Zimt ins Glas geben. Abschließend wird mit klarem Schnaps aufgegossen.

Das Ganze stellt man etwa sechs Wochen in die Sonne oder Wärme. Die Nüsse werden braunschwarz und ein so guter Magenbitter ist entstanden, der jedem käuflichen weit überlegen ist.

Für die Gesundheit

- **Magenbitter**
- **gut für die Leber, weil er von Schadstoffen reinigt**

◀ Junge Früchte des Walnussbaumes

Herzschnaps aus Weißdorn

- *Blätter und Blüten des Weißdorns*
- *klarer Obstler*

Für meinen Herzschnaps fülle ich eine weithalsige, durchsichtige, klarweiße Glasflasche zu einem Drittel mit frischen Blüten und Blättern vom Weißdorn. Dann wird mit einem klaren, guten Obstler aufgegossen und die Flasche für sechs Wochen an einen warmen, sonnigen Platz gestellt.

Mit zunehmendem Alter sollte man jeden Morgen nach dem Frühstück 25 Tropfen dieses Schnapses mit wenig Wasser vermischt einnehmen. Auch hier gilt natürlich: mit Herzproblemen müssen Sie auf jeden Fall zum Arzt gehen.

Eingriffliger Weißdorn (*Crataegus monogyna*)

Für die Gesundheit

- **gut fürs Herz**

Ich empfehle, rote Zwiebeln zu verwenden. Sie haben sich bei meinen Behandlungen bestens bewährt.

Zwiebeltrank

- *2 rote Zwiebeln*
- *2 Esslöffel guter Honig*
- *Obstler (38 bis 43 %ig)*

Die beiden Zwiebeln werden aufgerieben und kommen mit den beiden Esslöffeln Honig in eine weithalsige, durchsichtige, klarweiße Flasche. Diese wird ¾ mit dem Obstler aufgefüllt. Alles gut schütteln, damit es sich vermischt. Stellen Sie die Flasche nun für 24 Stunden an einen warmen, sonnigen Platz. Während dieser Zeit ab und zu schütteln.

In der Erkältungs- und Grippezeit täglich ein Likörglas oder auch nur ein oder zwei Esslöffel davon zu sich nehmen, am besten kurz bevor man aus dem Haus und unter Menschen geht.

Für die Gesundheit

- **beugt Erkältungskrankheiten und grippalen Infekten vor**
- **hilft Magen und Darm**

HINWEIS: *Heilerde hilft innerlich bei Migräne, weil sie gut für den Darm ist. Äußerlich empfehle ich sie für Umschläge bei Gelenkproblemen.*

Tinkturen, Auflagen und Umschläge

Mit äußerlichen Einreibungen, Auflagen oder Umschlägen aus Pflanzen kann man schnell helfen, sei es bei Gelenkschmerzen oder Husten und Bronchitis. Die Mittel kann jedermann leicht selbst herstellen und, wie schon an anderer Stelle gesagt, helfen sie besonders gut, wenn man all seine positive Kraft bei der Herstellung und Anwendung mit in den Vorgang hineinlegt. Lassen Sie sich nicht entmutigen, wenn sich die Heilung nicht gleich einstellt. Die beschriebenen Heilmittel helfen langsam, aber wenn sie helfen, dann oft dauerhaft.

Blutwurz
(*Potentilla erecta*)

Tinkturen

Blutwurz-Tinktur

- *getrocknete Blutwurz-Wurzeln*
- *klarer Schnaps*

Für diese Tinktur brauchen Sie getrocknete Wurzeln der Blutwurz, die ich in der Apotheke kaufe. Füllen Sie die trockenen Wurzelteile etwa zwei Zentimeter hoch in ein Marmeladenglas und gießen mit klarem Schnaps auf. Schon am nächsten Tag beginnt der Schnaps rot zu werden.

Schütteln sie das Ganze in den nächsten zwei bis drei Wochen immer wieder. Dann ist das Heilmittel anwendungsfertig: Nehmen Sie abends ein Löffelchen davon ein.

Für die Gesundheit

- **innerlich: hilft bei Darm- und Magenblutungen, gegen Durchfall**
- **äußerlich: bei lockeren Zähnen, hilft bei Zahnfleischbluten (durch die Zähne ziehen); wer keinen Alkohol trinkt, kann nach der Mundspülung ausspucken**

HINWEIS: *Bei Darm- und Magenbluten muss man sofort zum Arzt gehen.*

Huflattich-Tinktur

- *1 Hand voll Huflattichblüten (frisch)*
- *½ l klarer Schnaps (38 bis 43%ig)*

Die Huflattichblüten kommen in eine weithalsige, durchsichtige, klarweiße Flasche und werden mit Schnaps aufgegossen. Die verschlossene Flasche wird dann für sechs Wochen an einem warmen und sonnigen Platz aufgestellt.

Schütteln Sie sie immer wieder einmal und öffnen Sie die Flasche ab und zu. Danach ist die Tinktur fertig. Schmerzende Stellen werden mit der Tinktur eingerieben.

Für die Gesundheit

- **äußerlich: hilft bei Muskel- und Gelenkschmerzen**

BITTE BEACHTEN:
Die Tinktur darf nur äußerlich angewendet werden.

Johanniskraut-Tinktur für ältere Menschen

- *2 Hand voll Johanniskrautblüten (frisch)*
- *1 l klarer Schnaps*

Geben Sie die Johanniskrautblüten in eine weithalsige, durchsichtige, klarweiße Flasche und gießen Sie mit dem Schnaps auf. Das Ganze muss mindestens sechs Wochen ziehen. In dieser Zeit sollten Sie die Flasche ab und zu schütteln. Danach ist die Tinktur fertig.

Reiben Sie bei Bedarf die betroffenen Glieder mehrmals täglich ein.

Für die Gesundheit

- **Einreibungen helfen gegen das Gliederzittern bei älteren Menschen.**
- **Einreibungen bei Rheuma**

Im zeitigen Frühjahr erscheinen die gelben Blüten des Huflattichs. ▶

Lavendel-Tinktur

- *getrocknete Lavendelblüten*
- *klarer Schnaps*

Eine weithalsige, durchsichtige, klarweiße Flasche wird zur Hälfte mit trockenen Lavendelblüten gefüllt. Dann gießt man mit dem Schnaps auf und verschließt die Flasche. Sie muss an einem sonnigen und warmen Platz sechs Wochen lang aufgestellt werden, während dieser Zeit ab und zu schütteln und öffnen (belüften). Danach müssen Sie die Lavendelblüten abseihen.

Für die Gesundheit

- **Bei Kopfschmerzen wenig von der Tinktur auf die Stirn reiben.**
- **Bei Stimmungstiefs wird der Bereich zwischen Nabel und Brustbein mit der Tinktur eingerieben. Danach den behandelten Bereich mit einer Decke warm abdecken. Wiederholen Sie die Prozedur mehrmals täglich, wenn nötig mehrere Wochen lang.**
- **bei Kopfläusen: Massieren Sie fünf bis zehn Tropfen mit etwas Wasser vermischt in die Haare vor dem Schlafengehen ein. Ziehen Sie eine Mütze oder ein Kopftuch auf und lassen Sie das Ganze über Nacht einwirken.**

BITTE BEACHTEN:
Die Lavendel-Tinktur darf nur äußerlich angewendet werden und die Blüten müssen vorher abgeseiht werden.

Ringelblumen-Tinktur für Umschläge

- *2 Hände voll Blüten der Ringelblumen (frisch)*
- *klarer Schnaps*

Nehmen Sie eine weithalsige, durchsichtige, klarweiße Flasche und geben Sie zwei Hand voll Blüten hinein. Gießen Sie dann mit Schnaps auf und stellen Sie die Flasche an einen sonnigen und warmen Ort. Dort bleibt sie drei Wochen und wird ab und zu durchgeschüttelt. Fertig. Ich verwende die Tinktur nur mit abgekochtem Wasser verdünnt (ein Teil Tinktur, ein Teil Wasser). Ich rate dazu, sterilen Mull bei offenen Wunden zu verwenden, ansonsten kann man frisch ausgekochte, saubere Tücher hernehmen.

Für die Gesundheit

äußerlich:

- **bei Muskelzerrungen**
- **bei Venenentzündungen**
- **bei Quetschungen und wundgelegenen Stellen**

Tinktur aus Rosskastanienfrüchten

- *reife Rosskastanien*
- *klarer Schnaps*

Nehmen Sie eine weithalsige, durchsichtige, klarweiße Glasflasche und füllen Sie sie zu einem Drittel mit zerkleinerten Rosskastanien mit Schale. Die Rosskastanien müssen in Scheiben geschnitten werden, so lange sie frisch sind. Wenn die Kastanien trocken geworden sind, kann man sie nicht mehr zerkleinern.

Geben Sie klaren Schnaps darauf, bis die Flasche voll ist. Lassen Sie das Ganze mindestens sechs Wochen warm und sonnig stehen. Dann kann die Tinktur zur äußeren Verwendung für Einreibungen oder Wickel benutzt werden.

Für die Gesundheit

- **äußerlich: bei Venenproblemen und Krampfadern**

Auflagen und Umschläge

Beinwellblatt-Auflage

- *frische Blätter des Gewöhnlichen Beinwells*

Nehmen Sie einige Beinwellblätter und machen Sie sie mit einem Nudelholz oder einer Flasche saftig. Legen Sie die Blätter über Nacht auf das schmerzende Gelenk. Sollte die Haut am nächsten Tag aufgrund der Härchen, die auf den Beinwellblättern sitzen, brennen, dann empfehle ich die Stellen mit Ringelblumensalbe (siehe Seite 94) oder Schweinefett einzuschmieren.

Für die Gesundheit

- **äußerlich: bei schmerzenden Gelenken**

Brunnenkresse
(*Nasturtium officinale*)

Nierenauflage aus Birkenblättern

- *Birkenblätter*
- *etwas Öl*

Aus jungen Birkenblättern lässt sich eine hervorragende Nierenauflage für die Nacht herstellen. Sie nehmen die jungen Birkenblätter, von Mai bis Juli gesammelt, und drehen sie durch den Fleischwolf.

Streichen Sie die Masse, nicht sehr dick, sondern aufgelockert, auf ein altes Küchentuch. Vielleicht noch ein wenig Öl hinein (die Masse bindet sich mehr), damit die Haut nicht so gereizt wird. Leicht anwärmen. Die Auflage kommt dann direkt auf die schmerzende Stelle und verbleibt dort über Nacht.

Für die Gesundheit

äußerlich:

- **gegen Nierenschmerzen**
- **bei schmerzenden Gelenken**

TIPP: *Für Auflagen verwende ich niemals Frottee. Am besten ist ein altes, ausgewaschenes (dünnes) Bett- oder Küchentuch.*

Brunnenkresse-Auflage

- *frische Brunnenkresse*
- *1 Teelöffel Honig*

Quetschen Sie frische, kleingeschnittene Brunnenkresse in einem Mörser. Vermischen Sie den Brei mit einem Teelöffel Honig. Gut verrühren. Geben Sie die Mischung auf einen sterilen Mull und legen Sie ihn über Nacht auf braune Altersflecken.

Für die Gesundheit

- **äußerlich: hilft bei Altersflecken; dazu längere Zeit meinen 6er® Tee trinken, da die Leber gereinigt wird.**

Brunnenkresse-Saft

- *frische Brunnenkresse*

Geben Sie die Brunnenkresse in einen Mörser und quetschen Sie sie. Den ausgetretenen Saft kann man auf Hautunreinheiten schmieren.

Für die Gesundheit

- **äußerlich: Hautunreinheiten können verschwinden**

Eichenrindensud

- *1 Hand voll Eichenrinde aus der Apotheke*

Kochen Sie einen Sud aus Eichenrinde (siehe Seite 88) und lassen Sie ihn abkühlen. Tauchen Sie nun ein Läppchen in den kalten Sud und geben Sie es auf die Hämorrhoiden. Belassen Sie es dort ein bis zwei Stunden, dann erneuern Sie die Auflage. Nehmen Sie ein neues Läppchen, das gebrauchte wird weggeworfen.

Wechseln Sie diese Behandlung mit Retterspitz® Äusserlich nach Anweisung des Herstellers ab. Man kann eine Besserung oft schon über Nacht feststellen. Außerdem können Schafgarbensalbe oder meine Dreifachsalbe (siehe Seite 94) helfen, die am Tag auf die Hämorrhoiden gegeben wird.

Für die Gesundheit

- **äußerlich: bei Hämorrhoiden**

Ich verwende nur die wild wachsenden Gänseblümchen von ungedüngten Wiesen.

Gänseblümchen-Auflage

- *1 Hand voll Blüten und Blättchen des Gänseblümchens*

Hierfür nimmt man ein Tuch, am besten ein altes Küchentuch (kein Frottee), quetscht die Blüten und Blätter mit einem Nudelholz oder einer Flasche und schlägt die Masse in ein Handtuch ein. Das Ganze wird so lange auf das erkrankte Körperteil gelegt, bis das Handtuch zu trocknen beginnt.

Für die Gesundheit

äußerlich:

- **bei Verstauchungen**
- **gegen Hautausschläge**
- **unterstützt die Heilung von Wunden und Furunkeln**

Kartoffel-Auflage

- *1 Kartoffel*
- *Quark*

Die rohe Kartoffel wird mit einem Reibeisen fein aufgerieben und mit einem Teelöffel Quark vermischt. Geben Sie etwas von dem Brei unter die Augen auf die Tränensäcke und belassen Sie ihn dort etwa eine halbe Stunde. Danach vorsichtig entfernen.

Für die Gesundheit

- **Tränensäcke werden kleiner**

Kartoffelscheiben

- *rohe Kartoffeln*

Die Kartoffeln werden mit dem Gurkenhobel in feine Scheiben geschnitten. Diese legt man wie eine Maske auf Stirn und Nebenhöhlen. Lassen Sie sie liegen, bis die Schmerzen nachlassen. Gegebenenfalls kann man auch neue auflegen. Hören Sie nicht zu früh auf.

Für die Gesundheit

- **äußerlich bei Kopfschmerzen und Migräne, dazu Heilerde innerlich einnehmen**

Auflagen und Umschläge

Kartoffel-Umschlag

- *gekochte Kartoffeln*

Sehr hilfreich bei Husten sind Umschläge auf Brust und Rücken. Auf den Rücken kommt Retterspitz® Äusserlich. Auf die Brust ein Umschlag aus Kartoffeln. Dazu muss man Kartoffeln schälen und vierteln und sie weich kochen. Geben Sie die heißen, gekochten und zerstampften Kartoffeln auf ein Tuch und legen es möglichst heiß auf die Brust. Aber Vorsicht, nicht zu heiß, dass sich niemand verbrennt. Entfernen Sie den Umschlag, wenn er lauwarm geworden ist. Am besten ist es, diesen Umschlag abends vor dem Schlafengehen aufzulegen.

Für die Gesundheit
> **äußerlich: bei Husten**

Kartoffel-Umschlag für die Nieren

- *Kartoffeln*

Kartoffeln werden mit oder ohne Schale weichgekocht und dann zerdrückt. Der Brei kommt auf ein Tuch und wird um die Nierengegend gelegt. Dann geht man damit ins Bett. Damit Matratze und Bettlaken nicht nass werden, kommt eine Folie auf beides – eben in Höhe der Nierengegend. Den Umschlag lässt man über Nacht einwirken.

Für die Gesundheit
> **äußerlich: bei Nierenproblemen**

Rohe-Kartoffel-Auflage

- *rohe Kartoffeln*
- *1 Esslöffel Blütenhonig*

Reiben Sie eine rohe Kartoffel auf und geben Sie sie auf ein Küchentuch. Damit können Sie schmerzende Gelenke umwickeln. Eine verstärkte Wirkung bekommen Sie, wenn Sie dem rohen Kartoffelbrei einen Esslöffel Blütenhonig beimengen. Der Wickel wird abends aufgelegt und erst am nächsten Morgen entfernt.

Für die Gesundheit
> **äußerlich: bei Gelenkproblemen und -schmerzen**

TIPP: *Umschläge mit Heilerde können bei Schleimbeutelentzündungen helfen.*

Gequetschte Kohlrabiblätter

- *4 bis 5 Kohlrabiblätter*

Die Kohlrabiblätter werden mit einem Nudelholz oder einer sauberen Flasche gewalkt (gequetscht). Die so saftig gemachten Blätter kommen auf das schmerzende Gelenk und werden mit einem Tuch fixiert. Lassen Sie die Wirkstoffe einwirken. Nach ein paar Stunden können Sie die Prozedur wiederholen, gegebenenfalls mehrmals hintereinander.

Für die Gesundheit
> **äußerlich: bei Gelenkproblemen**

Leinsamen-Umschlag

- *Leinsamen*

Der Leinsamen wird gekocht, bis er ganz schleimig ist. Dann auf ein Tuch geben und über Nacht auf die betroffene Stelle legen und etwas darüber hinaus.

Für die Gesundheit
> **äußerlich: bei Schleimbeutelentzündungen**

Meerrettich-Wickel

- *Magerquark*
- *frischer Meerrettich*

Wärmen Sie den Quark in einem Wasserbad an. Streichen Sie ihn dann auf ein sauberes Küchentuch und reiben Sie wenig frischen Meerrettich fein darüber. Sie dürfen nicht zu viel Meerrettich nehmen, damit der Wickel nicht zu „scharf" wird.

Falten Sie das Tuch nun so zusammen, dass der Meerrettich in der Mitte des Tuches und somit nicht direkt auf der Haut zum Liegen kommt. Den Wickel legt man über Nacht auf Brust beziehungsweise Hals.

Für die Gesundheit

äußerlich:

- **bei Erkältungen**
- **Bronchitis**
- **Asthma**
- **bei Angina**

Die antibakterielle Wirkung des Ingwers hilft zum Beispiel bei Entzündungen.

Quark-Umschlag

- *Quark*
- *frischer Ingwer*

Kaufen Sie einen guten Quark. Mischen Sie etwas Ingwer dazu, dann anwärmen und ums Knie geben. Der Umschlag muss das Bein immer auch etwas oberhalb und unterhalb des Knies noch bedecken, nicht nur direkt auf die schmerzende Stelle legen.

Für die Gesundheit

- **äußerlich: bei akuten Knieschmerzen**

Quittenauflage für entzündete Stellen

- *Kerne von der rohen Quitte*

Sammeln Sie die Kerne aus den rohen Quitten und quetschen Sie sie in einem Mörser. Geben Sie sie zum Aufquellen in eine Schale mit Wasser. Die Masse wird dann dicklich, ähnlich wie ein Gel. Dieses Gel wird auf die entzündeten Hautstellen gegeben, die besonders bei alten Leuten entstehen, die lange liegen müssen. Es hilft außerdem bei entzündeten Brustwarzen: Geben Sie das Gel darauf und lassen Sie es so lange einwirken, bis es trocken geworden ist.

Für die Gesundheit

- **äußerlich: bei Hautentzündungen**

Auflagen und Umschläge

Spitzwegerich-Auflage

- *frischer Spitzwegerich*

Sammeln Sie die Spitzwegerich-Blätter frisch, denn dann haben Sie ein natürliches Antibiotikum, das enorme Heilkraft bei Verletzungen, Wunden und auch Insektenstichen hat.

Waschen Sie die Blätter und machen Sie sie mit einem Nudelholz oder einer Flasche saftig. Legen Sie sie auf die Verletzung und fixieren Sie sie mit einer Binde. Die Auflage muss alle zwei Stunden erneuert werden.

Für die Gesundheit

- **äußerlich: bei Wunden und Verletzungen der Haut**

Urin-Wickel

- *eigener Urin*

Gute Erfahrungen habe ich auch mit Urin-Wickeln gemacht. Tauchen Sie dazu Stofffingerhandschuhe oder Baumwollstrümpfe in Urin, ziehen Sie das Kleidungsstück über das betroffene Körperteil und lassen Sie es über Nacht einwirken.

Sie können zum Schutz auch ein zweites Paar Handschuhe oder Strümpfe darüberziehen. Sie sollten diese Behandlung etwa sieben Tage fortführen.

Für die Gesundheit

äußerlich:

- **bei Gicht**
- **hilft bei Arthrose**
- **gut gegen Rheuma**

„Heilendes Wasser“

- *1 Hand voll Wundklee (Blüten trocken)*
- *1 l Wasser*

Die Blüten des Wundklees werden in einen Topf gegeben und mit einem Liter kaltem Wasser übergossen. Aufkochen und eine halbe Stunde lang ziehengelassen. Jugendliche und Erwachsene waschen die mit Neurodermitis betroffenen Stellen mit dem Sud. Bei kleinen Kindern gibt man den Sud ins Badewasser. Am besten trocknet man die behandelten Hautteile nicht ab, sondern lässt den Sud einziehen.

Man kann auch mit Tüchern, die in den Sud getaucht worden sind, Umschläge auf ganze Hautpartien oder Leibwickel machen.

Wenn die Haut von allein abgetrocknet ist, gibt man Johanniskrautöl oder meine Dreifachsalbe (siehe Seite 94) auf die Haut.

Für die Gesundheit

- **äußerlich: lindernd bei Neurodermitis**

◂ Vom Wundklee sammele ich die ganze Pflanze, die ich im Schatten vorsichtig trockne.

Umschlag aus Weißkohlblättern

- *1 junges Weißkohlblatt*

Legen Sie ein junges Weißkohlblatt auf ein Baumwolltuch und quetschen Sie es mit einem Nudelholz oder einer sauberen Flasche. Das so saftig gemachte Blatt kommt direkt auf die schmerzende Körperstelle. Fixieren Sie das Blatt mit einem Tuch. Es ist am wirksamsten, wenn Sie die Prozedur abends beginnen und über Nacht einwirken lassen.

Alternativ kann man einige Weißkrautblätter durch den Fleischwolf drehen, den Weißkrautbrei auf die schmerzenden Stellen geben und mit einem Tuch fixieren.

Für die Gesundheit

äußerlich:

- **bei Gelenkproblemen**
- **hilft bei Arthrose**
- **bei Gicht**
- **bei Rheuma**

Zinnkraut-Umschlag

- *50 g Zinnkraut, trocken*

Bei einem Fersensporn reiben Sie die Stelle am Tag mit Rizinusöl ein. Abends wird der Fersensporn mit Zinnkraut umwickelt. Geben Sie vier bis fünf frische Wedel oder 50 g trockenes Zinnkraut in ein Sieb. Das wird in einen Topf mit kochendem Wasser gehängt. Das Kraut darf mit dem Wasser nicht in Berührung kommen, sondern nur mit dem Wasserdampf. Geben Sie den Deckel auf den Topf. Man lässt das Ganze 20 Minuten lang kochen. Dann wird das Zinnkraut schwärzlich. Legen Sie ein Tuch auf den Boden und geben Sie die Kräuter darauf. Nun den Fuß daraufstellen und die Ferse einwickeln. Belassen Sie den Umschlag über Nacht darauf. Sie können Plastik darumlegen. Am Morgen wird der Umschlag abgenommen. Legen Sie aber eine Zeitung unter, wenn Sie den Umschlag lösen. Die Kräuter sind meist ganz trocken und sollten gleich aufgefangen werden, damit man nicht kehren muss. Wiederholen sie diese Behandlung so lange, bis der Fersensporn abgeheilt ist.

Für die Gesundheit

- **äußerlich: bei Fersensporn**

Brustwickel mit Zwiebel

- *Zwiebel*
- *Schweinefett*
- *Meerrettich*

Zwiebeln werden aufgerieben und mit etwas Schweinefett gedünstet. Geben Sie ruhig auch etwas Meerrettich dazu. Der Brei kommt auf die Brust und wird mit einem Tuch abgedeckt. Lassen Sie das Ganze etwa zwei Stunden lang einwirken.

Für die Gesundheit

- **äußerlich: bei hartnäckigem Husten**

Zwiebelpackung

- *Zwiebel*

Ich empfehle bei Nasenbluten Zwiebelringe in ein Tuch zu packen und in den Nacken zu legen. Zusätzlich hält man sich etwas aufgeschnittene Zwiebel unter die Nase und atmet durch die Nase die Zwiebeldämpfe ein.

Für die Gesundheit

- **äußerlich: bei Nasenbluten**

Weitere Heilmittel

Ich habe auf den folgenden Seiten einige weitere Rezepte aufgeschrieben, die in den anderen Kapiteln nicht untergebracht werden konnten. Auf das Gebet lege ich besonderen Wert. Vielen Menschen, die sich hilfesuchend an mich wenden, hat das schon geholfen. Das Gebet haben Sie immer bei sich.

Und Sie werden sehen, dass Ihnen in selbst aussichtslos erscheinenden Situationen mit einem Gebet an Gott oder an eine Gottheit geholfen wird. Ohne Glauben geht meiner Meinung nach nichts. Dabei ist es egal, ob man Buddhist, Moslem oder Christ ist.

Schafgarbe
(*Achillea millefolium*)

Ängste und depressive Verstimmungen

Angst-Stein

- *Chalcedon*
- *Glas mit Wasser*

Einige meiner „Patienten" haben gute Erfahrungen mit dem „Angststein", dem Chalcedon, gemacht: Stellen Sie sich auf Ihren Nachttisch ein Glas mit Wasser. Über Nacht kommt der Stein in dieses Wasserglas.

Am nächsten Morgen herausnehmen, abtrocknen, anhauchen, ablecken und einfach in die Hosentasche stecken. Dieses Ritual wird jeden Tag wiederholt. Kaufen Sie sich einen flachen Stein, dann passt er in schmale und kleine Taschen.

Für die Gesundheit

- **gegen Ängste jeder Art**
- **hilft auch bei Prüfungen und Examen**

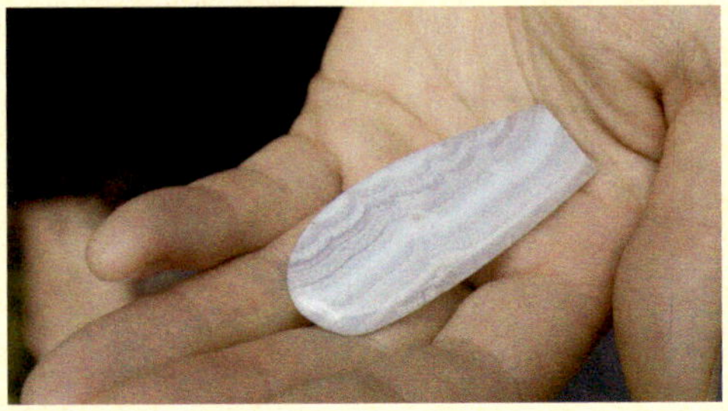

Tragen Sie Ihren Chalcedon, den Angst-Stein, immer in einer Hosentasche bei sich.

Kräuterkissen

- *Schafgarbe, getrocknet*
- *Walnussblätter, getrocknet*
- *Birkenblätter, getrocknet*
- *Brennnessel, getrocknet*
- *Ringelblume, getrocknet*
- *Johanniskraut, getrocknet*
- *Hopfen, getrocknet*
- *Lavendel, getrocknet*

Nähen Sie sich einen Kissenbezug. Geben Sie die gemischten Kräuter hinein und nähen Sie das Kissen zu. Am besten wirkt es im Nacken. Legen Sie das Kissen immer wieder einmal in die Sonne. Dadurch aktivieren Sie die helfenden Inhaltsstoffe der Kräuter neu.

Für die Gesundheit

- **verhilft zu gesundem Schlaf**

Kräuterkissen aus Johanniskraut

- *Johanniskrautblüten und -blättchen, getrocknet*

Ein Kräuterkissen, das mit Johanniskraut gefüllt ist, kann bei depressiver Verstimmung helfen. Nehmen Sie trockene Blüten und Blättchen, keine Stängel, denn das Kissen wird in den Nacken gelegt und sollte daher nicht pieksen.

Für die Gesundheit

- **bei depressiven Verstimmungen**
- **zur Beruhigung**

Welches Kraut für mein Kräuterkissen

- **Hopfen zur Beruhigung und für guten Schlaf**
- **Johanniskraut für die Psyche und die Nerven sowie zur Beruhigung**
- **Lavendel für die Psyche**
- **Rosenblätter zum Einschlafen und zur Beruhigung**
- **Echter Salbei bei Entzündungen**
- **Schafgarbe zur Beruhigung**
- **Thymian für Atmung, Bronchien und Lunge**
- **Walnussblätter gegen Motten im Zimmer**

Nicht erfüllter Kinderwunsch

Immer wieder kommen Frauen zu mir, die seit Jahren versuchen ein Kind zur Welt zu bringen. Einige haben sogar schon mehrere Fehlgeburten hinter sich, wünschen sich aber so sehr ein Kind, dass sie sich selbst vor einer eventuellen weiteren Fehlgeburt nicht fürchten. Und ich kenne einige Frauen, die sich nach bis zu vier Fehlgeburten noch über ein oder zwei gesunde Kinder freuen können.

Ich rate Ihnen in diesem Fall: Tragen Sie keine hohen Absätze. Wechseln Sie und Ihr Partner den Schlafplatz. Außerdem sollte die Frau genug „Substanz" haben. Untergewichtige Frauen können unter Umständen schwieriger schwanger werden als normalgewichtige. Der Körper muss die Belastung einer Schwangerschaft eben auch tragen können.

Zusätzlich können Sie und Ihr Partner täglich bei zunehmendem Mond Hainbuchen-Milch trinken.

Außerdem habe ich gute Erfahrungen mit Tee aus Stinkendem Storchschnabel (*Geranium robertianum*) gemacht.

Ich empfehle, dass beide Partner täglich eine Tasse Tee trinken, der aus je zwei gestrichenen Teelöffeln getrocknetem Kraut aufgebrüht wurde.

Und denken Sie positiv.

Hainbuche
(*Carpinus betulus*)

Hainbuchen-Milch

- *2 gehäufte Esslöffel Hainbuchenblätter*
- *¼ l Milch*

Zwei gehäufte Esslöffel junge, kleingeschnittene Hainbuchenblätter werden in Milch gegeben. Beides wird aufgekocht und zehn Minuten lang ziehengelassen, dann abseihen und langsam zu sich nehmen.

Für die Gesundheit

> **bei Kinderwunsch**

Inhalieren und Dampfbäder

Inhalieren mit Thymian, Salbei und Schafgarbe

- *Echter Thymian*
- *Echter Salbei*
- *Schafgarbe*

– zu je gleichen Teilen –

Inhalieren bringt nach meiner Erfahrung Erleichterung bei Schnupfen. Stellen Sie sich eine Mischung aus je gleichen Teilen von Thymian, Salbei und Schafgarbe her. Kochen Sie Wasser und geben Sie eine Handvoll der Mischung hinein. Köcheln Sie alles fünf Minuten lang und geben Sie das Wasser mit den Kräutern in eine hitzefeste Schüssel. Beugen Sie sich sofort darüber. Legen Sie ein großes Handtuch so über den Kopf und die Schüssel, dass es wie ein kleines Zelt wird. Am Anfang muss man den Kopf noch sehr weit oben halten, weil die Dämpfe heiß und intensiv sind. Nach einigen Minuten beugen Sie den Kopf näher an die Schüssel heran. Es darf Ihnen nicht zu heiß werden.

Inhalieren Sie die Dämpfe etwa zehn Minuten.

Danach legen Sie das Handtuch weg und geben je einen Tropfen Johanniskrautöl in jedes Nasenloch. Ziehen Sie es hoch, das ist gut für die Schleimhäute.

Lassen Sie die Kräuter im Sud. Sie können das Dampfbad, immer wieder heiß gemacht, drei bis vier Tage lang verwenden.

Für die Gesundheit
> **bei Schnupfen**

Inhalieren Sie mit einem Handtuch über dem Kopf, das hilft Ihnen am besten.

Gesichtsdampfbad bei Akne

- *Echter Salbei (trocken)*
- *Schafgarbe (trocken)*
- *Johanniskraut (trocken)*
- *Echte Kamille, wenn gewünscht (trocken)*

– zu je gleichen Teilen –

Geben Sie eine Hand voll der Kräutermischung in einen Topf mit kochendem Wasser und lassen Sie alles etwa fünf Minuten lang köcheln. Gießen Sie dann das Wasser mit den Kräutern in eine hitzefeste Schüssel. Legen Sie ein großes Handtuch so über den Kopf und die Schüssel, dass es wie ein kleines Zelt wird.

Die Dämpfe sollten etwa zehn Minuten lang aufs Gesicht einwirken. Die Haut kann mit sterilem Mull heruntergestrichen werden. Zum Schluss mit Johanniskrautöl abtupfen.

Extra-Rezepte

Der Jaspis hilft Ihnen bei Herzproblemen.

Jaspis-Stein

- *Jaspis*

Bei Herzproblemen müssen Sie auf jeden Fall zum Arzt gehen. Ergänzend kann ich zu folgender Behandlung raten. Kaufen Sie sich einen Jaspis-Stein und befestigen Sie ihn mit Heftpflaster auf der Haut in Herznähe. Lassen Sie ihn dort über Nacht und nehmen Sie ihn dann ab.
Am Morgen müssen Sie ihn unter kaltem Wasser ausleiten. Dazu legen Sie den Stein ins Waschbecken, direkt unter den Wasserstrahl. Nun wird der Hahn leicht aufgedreht, und das Wasser soll zehn Minuten erst über die eine, dann über die andere Seite laufen. Danach können Sie ihn abtrocknen und wieder verwenden.

Für die Gesundheit
- **bei Herzproblemen**

Kornelkirschen

- *Kornelkirschen ohne Kern*

Hildegard von Bingen empfahl die Kornelkirsche bei Magenproblemen. Der Kern wird dabei nicht mitgegessen.

Ich rate dazu, Kornelkirschen zur Prophylaxe zu essen, so dass es erst gar nicht zu Verdauungsproblemen kommt. Bei Durchfall können Sie fünf Kornelkirschen pro Tag zu sich nehmen. Bedenken Sie aber, dass Sie die Giftstoffe über den Darm erst einmal herauskommen lassen müssen, bevor Sie ganz gesund werden können.

Für die Gesundheit
- **bei Durchfall**
- **gut für die Verdauung**

Blühende Kornelkirsche (*Cornus mas*)

Gekochte Maroni

- *4 bis 5 frische Ess-Kastanien*
- *Salz*
- *¼ l Wasser*

Bei den Ess-Kastanien werden die äußeren Schalen entfernt, die innere Haut bleibt. Die Kastanien kommen mit einer Prise Salz in einen Viertelliter Wasser. Bringen Sie das Wasser zum Kochen und köcheln Sie die Kastanien etwa fünf Minuten lang.

Dann wird der Topf vom Herd genommen und das innere Häutchen der Kastanien entfernt. Essen Sie sie dann über den Tag verteilt. Wiederholen Sie das in den folgenden acht Wochen.

Für die Gesundheit
- **bei Verdauungsbeschwerden**
- **baut die Darmflora wieder auf**

Extra-Rezepte

Echter Salbei ▶

Frische Salbeiblätter

✱ *Blätter vom Echten Salbei*

Den Salbei liebe ich sehr und ich selbst verwende ihn gerne und oft. Jeder kann ihn im eigenen Garten oder in einem Topf auf dem Balkon selbst anbauen. Ich habe immer Salbei im Haus. Bei Schnupfen: ein frisches Salbeiblatt wird dreifach gefaltet und mit einem Löffel saftig gemacht.

Dann steckt man es in ein Nasenloch. Beide Nasenlöcher können gleichzeitig behandelt werden. Man merkt schnell die hilfreiche Wirkung.

BITTE VORSICHT:
Erklären Sie Kindern, warum Sie sich die Salbeiblätter in die Nase stecken. Kinder ahmen nach und stecken ohne Erklärung unter Umständen irgendetwas anderes in die Nase. Sie dürfen gar nichts in die Nase stecken, außer dass Sie das von Ihnen gesagt bekommen.

Auch bei Mundgeruch kann Echter Salbei sehr hilfreich sein. Mundgeruch kann aus dem Magen kommen, daher muss man etwas für ihn tun. Kauen Sie ein frisches Salbeiblatt. Sie können es zum Schluss auch hinunterschlucken.

Für die Gesundheit
- **hilft bei Schnupfen**
- **gegen Mundgeruch**
- **gut für den Magen**

BITTE BEACHTEN:
Schwangere sollten keinen Salbei verwenden.

Frische Spitzwegerichblätter, 1. Rezept

✱ *Spitzwegerichblatt (frisch)*

Waschen Sie ein Spitzwegerichblatt. Falten Sie es dreimal zusammen und machen Sie es mit einem Löffelstiel saftig. Dann rollen Sie es zu einer kleinen Rolle, die ins Nasenloch geschoben wird.

Für die Gesundheit
- **hilft bei Schnupfen**

Frische Spitzwegerichblätter, 2. Rezept

✱ *Spitzwegerichblätter (frisch)*

Auch bei Zahnfisteln oder kleineren Geschwüren im Mund habe ich Spitzwegerich erfolgreich angewendet. Legen Sie mehrmals täglich ein paar junge, saftig gemachte Blätter auf die Fistel.

Für die Gesundheit
- **kann bei Zahnfisteln und Geschwüren im Mund helfen**

Frische Spitzwegerichblätter, 3. Rezept

- *1 Spitzwegerichblatt (frisch)*

Wenn Sie eine Mücke gestochen hat, dann suchen Sie sich in der Nähe einen Spitzwegerich. Nehmen Sie ein Blatt davon, machen es etwas saftig und streichen damit über den Stich.

Für die Gesundheit

> **Linderung bei Mückenstichen**

Spitzwegerichsaft

- *Spitzwegerich*
- *brauner Kandiszucker*

später:

- *1 schwarzer Rettich*
- *1 rote Zwiebel*

Sammeln Sie Wegerich, waschen Sie ihn und schneiden Sie ihn klein. Nehmen Sie einen Steintopf und schichten Sie dort abwechselnd Wegerich und braunen Kandiszucker hinein. Wenn Sie drei Viertel des Topfes aufgefüllt haben, wird auf die oberste Schicht ein Teller gelegt und auf den Teller kommt zur Beschwerung ein Stein.

Spitzwegerich

Decken Sie den Topf mit einer Folie ab. Die Ränder der Folie werden mit Klebeband gut am Topfrand befestigt. Nun können Sie den Topf entweder im Garten eingraben oder Sie stellen ihn in einen kühlen Keller.

Nach einem Vierteljahr holen Sie den Topf wieder in Ihre Küche. Nun brauchen Sie einen schwarzen Rettich. Der Blattansatz wird abgeschnitten und der Rettich ausgehöhlt. In die Wurzelspitze des Rettichs wird von innen mit der Stricknadel ein Loch gebohrt. Zerkleinern Sie eine rote Zwiebel, mischen Sie das ausgehöhlte Rettichfleisch dazu und geben noch etwas von dem Wegerich mit dem Kandis dazu. Dieses Gemisch wird in den ausgehöhlten Rettich hineingegeben, der auf ein Glas aufgesetzt ist. Legen Sie die vorher abgetrennte Kuppe des Rettichs wieder darauf. Sie werden schnell sehen, dass eine Flüssigkeit aus der Rettichspitze herauskommt.

Dieser Saft kann bei starkem Husten teelöffelweise über den Tag verteilt eingenommen werden. Sie müssen die Reste natürlich nicht wegwerfen, sondern können sie auch essen.

Für die Gesundheit

> **hilft bei Husten**

Gebete

Bei Verstopfung

- **geraspelter Karottenbrei aus zwei bis drei Karotten mit etwas Sahne oder Öl über den Tag verteilt einnehmen**
- **zwei bis vier Gabeln Sauerkraut vor dem Frühstück essen**
- **bis zu einem halben Liter körperwarmes Wasser nach dem Aufstehen trinken**
- **zwei bis drei Feigen abends in Wasser einweichen. Morgens auf nüchternen Magen das Feigenwasser trinken und dann die Feigen essen.**
- **Fingerakupressur (siehe Fotos unten) machen**
- **Milchzucker aus der Apotheke nehmen**
- **viel Gemüse und Vollkornprodukte essen**
- **Gemüse und Früchte der Saison auswählen**
- **ein oder zwei reine Apfeltage**

Für mich waren und sind Gebete sehr wichtig. Sie helfen in allen Situationen des Lebens und man hat das Gebet sozusagen immer bei sich und kann sich damit zu jeder Zeit helfen. Sie können laut oder leise beten, das hilft gleichermaßen. Es ist aber wichtig, dass das Gebet von Herzen und dem Gefühl her kommt und nicht vom Verstand geleitet wird.

Wenn ich zu Kranken gerufen werde oder mich jemand um Hilfe bittet, dann bete ich immer inbrünstig, dass ich die Hilfe von oben bekomme, die ich weitergeben kann. Eines meiner Stoßgebete ist: „Lieber Gott, wenn du mir diese Aufgabe gibst, dann gib mir auch die Kraft sie zu lösen.“

Gebet bei depressiver Verstimmung

Beten Sie, das hat schon sehr vielen Leuten geholfen. Mein Gebet ist: „Herr Jesus Christus, erbarme dich meiner.“ Beten Sie es immer wieder, mehrmals am Tag. Beten Sie so oft und so lange, wie es Ihnen gut tut.

Wenn es nicht schnell genug geht, dann können Sie auch einfach nur „Christus, Christus“ im Stillen immer wiederholen.

Ich habe von vielen Menschen Rückmeldung bekommen, dass es ihnen schon nach zwei Tagen sehr geholfen hat.

Akupressur bei Verstopfung:
Daumen und Zeigefinger der rechten Hand „massieren“ den Zeigefinger der linken Hand von der Fingerkuppe bis zur Wurzel. Oft wiederholen.

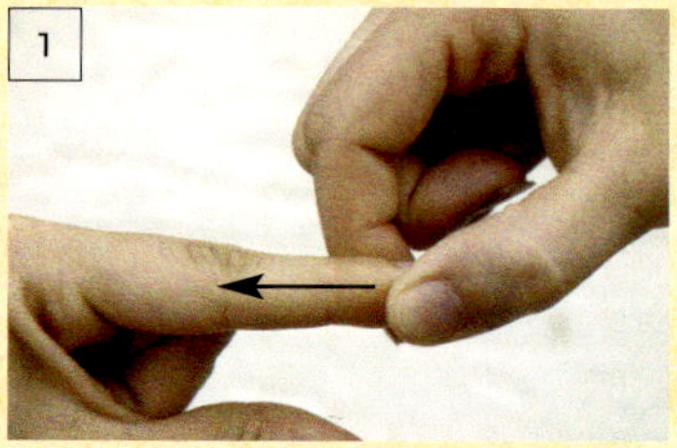

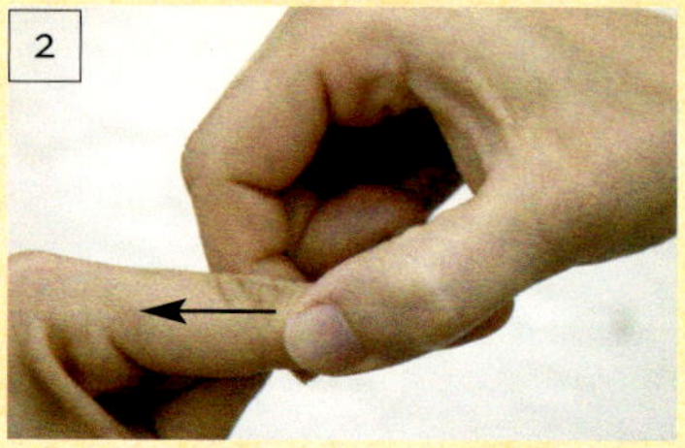

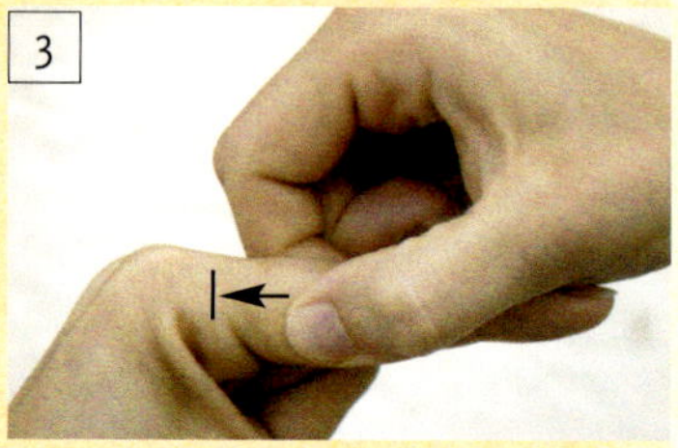

Nehmen Sie sich Zeit für Ihre Familie und vor allem für sich selbst.

Gebete

Gebete zum Essen

Wir beten vor dem Essen, schon solange ich zurückdenken kann, das bekannte Gebet: „Komm' Herr Jesus, sei unser Gast und segne, was du uns bescheret hast.“

Auch folgendes Gebet ist hilfreich. Sie legen die Arme und Hände um den Teller und das Getränk, gehen in Ihr Herz und senden die Energie, die durch Sie fließt über die Hände an die Speisen und das Getränk.

Dann beten Sie: „Ich bitte um Hilfe und Heilung. Und dass sich die Speisen und Getränke, die ich zu mir nehme, sich auf die mir jetzt notwendige Schwingung einstellen mögen und sich alles Negative darin eliminieren möchte. Ich danke allen Früchten und Tieren, dass sie sich bereitstellen, mich zu ernähren. Danke. Amen, es werde.“

HINWEIS: *Es ist wichtig, dass das Gebet aus dem Herzen kommt und nicht vom Verstand.*

Negative Gedanken

Das kennt jeder, man hat schlechte Gedanken und sie gehen einfach nicht weg. Am besten ist es, sich in diesem Fall abzulenken. Gehen Sie in die Natur, erfreuen Sie sich an Pflanzen und Tieren. Das mache ich am liebsten. Lesen Sie ein spannendes Buch oder sehen Sie einen lustigen Film. Es hilft auch inbrünstig zu beten.

Reden Sie sich vor allen Dingen nicht in irgend etwas hinein. Ich treffe immer wieder Menschen, die sagen: „Ich bin zu alt. Ich kann das und jenes nicht mehr.“ Dann ist das auch so. Sagen Sie „Nein“ zu solchen Gedanken.

Setzen Sie etwas Positives dagegen, zum Beispiel „Ich muss mich nicht mehr so abstrampeln wie die Jungen. Ich kann in Ruhe meine Abende genießen und muss mich nicht mehr um die Kindererziehung kümmern oder Angst haben, meinen Arbeitsplatz zu verlieren.“

Ohne Gott geht gar nichts!

Zeit für Kinder

Schon immer ist es für die Eltern nicht einfach gewesen, genügend Zeit für ihre Kinder zu haben. Heutzutage redet man oft von der Doppelbelastung der Frau. Das war aber schon immer so.

Auch in meiner Generation mussten wir Frauen zeitlebens die gesamte Hausarbeit erledigen und oft nebenbei noch einer Arbeit nachgehen. Ich erinnere mich daran, dass ich Abend für Abend für wenig Geld in der Stunde genäht habe, damit es zum Leben reichte. Man tat das einfach, wir dachten darüber gar nicht nach.

Beschäftigen Sie sich mit Dingen aus der Natur, das hilft Ihnen sich bei negativen Gedanken abzulenken. ▸

Schlafstörungen

Es ist ganz wichtig, dass man sich genug Zeit für Kinder nimmt. Arbeiten Sie nicht nur. Wenn die Kinder zu kurz kommen, werden sie unter Umständen ihr gesamtes Leben darunter zu leiden haben und dann leiden Sie zeitlebens mit.

Man muss seine Kinder mit dem Größerwerden mehr und mehr loslassen. Jeder muss seinen Weg selbst gehen. Kinder sollten nicht zu lange im Elternhaus bleiben, sondern sie müssen rechtzeitig weggehen. Das ist nicht immer leicht, aber unerlässlich.

Besonders häufig kommt es vor, dass ein Sohn bei seiner alleinstehenden Mutter bleibt und beide zusammen alt werden. So schwer das auch ist, „werfen" Sie Ihren Sohn raus. Er kann nur ein selbstbestimmtes Leben führen, wenn er es ohne seine Mutter und/oder Vater führen kann.

Es ist aber ebenso wichtig, dass man seinen Kindern ständig und klar signalisiert, dass man immer für sie da ist.

Schlaf

Ein guter Schlaf ist bei vielen Menschen vom Mond abhängig. Vor Vollmond, an Vollmond und einige Tage danach schlafen viele schlecht. Außerdem halten zu viele Gedanken und zu viele Sorgen den Schlaf fern.

Man sollte erst einmal feststellen, ob es am Schlafplatz liegt, wenn man morgens nicht rauskommt. Der Spiegel sollte entfernt werden, vielleicht liegt es auch am Teppichboden. Das Bett sollte nicht als geschlossener Kasten bis ganz nach unten zum Boden gehen. Die Luft muss unter dem Bett zirkulieren können.

Ich empfehle bei schlechtem Schlaf, sich einen Labkrautkranz unters Bett zu legen. Sammeln Sie einige Labkrautpflanzen *(Galium verum)* und flechten Sie einen lockeren Kranz daraus. Legen Sie den unter ihr Bett. Bei manchen Menschen hilft auch ein Rosenquarzbrocken, der unters Bett gelegt wird.

Auch Wasseradern können an schlechtem Schlaf Schuld sein. Da es im Boden immer wieder Veränderungen geben kann, muss man unter Umständen alle paar Jahre einen Rutengänger kommen lassen.

Ein Kranz aus Labkraut hilft beim Einschlafen.

Außerdem hat jeder Mensch seinen eigenen Rhythmus. Es gibt ausgesprochene Nachtmenschen, die kommen morgens einfach nicht raus. Andere wachen mit dem ersten Vogelgezwitscher auf. Man sollte das nicht umdrehen.

Vielleicht hängt der Schlafrhythmus auch mit der Geburtsstunde zusammen. Hier müsste man einmal nachforschen. Vormittags Geborene könnten ihre beste Schaffenszeit eben auch vormittags haben, während abends Geborene eher am Nachmittag und Abend ihre stärksten Stunden haben.

Manche Menschen vertragen jeden Schlafplatz. Ich kenne ein Ehepaar, da findet die Frau keine Ruhe im ganzen Haus, während der Mann in seiner Kammer tief und fest schläft. Aber auch in diesem Raum kann seine Ehefrau nicht erholsam schlafen. Jeder reagiert anders, jeder Körper ist anders. Beobachten Sie sich und suchen Sie Ihren Weg und Ihre Heilmittel.

Verhalten in schwierigen Situationen

Im Leben gibt es immer wieder einmal Situationen, mit denen man meint, nicht fertig zu werden. Man kann die meisten Probleme bewältigen, man muss es wollen und man muss sich Zeit lassen. Ich sage immer zwei Worte: „Überwinde dich."

Als ich zum ersten Mal im Fernsehen auftrat, war ich sehr aufgeregt. Auch heute kann mir das noch passieren. Ich bitte immer kurz vorher Hildegard von Bingen, bei mir zu sein. Das hilft mir persönlich. Suchen Sie sich auch so eine Hilfe aus der geistigen Welt.

Schrecken Sie vor Aufgaben nicht zurück, denen Sie vermeintlich nicht gewachsen sind. Tun Sie es einfach. Fragen Sie sich immer: „Was kann passieren?"

Auch ein gutes Buch zu dem Thema, mit dem man sich beschäftigt, kann helfen. Ich gehe gerne in Buchläden und lasse mich führen. Nehmen Sie Bücher in die Hand, lesen Sie Titel und Rückseite. Schlagen Sie es auf. Ich konnte immer wieder feststellen, dass ich genau das Buch fand und genau die Textstelle, die mir weiterhelfen konnte.

Wenn gravierende Änderungen im Umfeld passieren, fragt man sich oft, was hat das mit mir zu tun. Warum muss ich das erleiden. Oft ist es so, dass etwas auf Sie wartet, was wichtiger und auf die Zeit gesehen viel besser ist. Und ich denke auch, dass man im Leben immer wieder in Situationen kommt, die man durchleben muss. Haben Sie keine Angst davor. Durchschreiten Sie sie, durchleben Sie sie und sehen Sie dies als Erfahrung an, die Sie in Ihrem Leben machen müssen.

Ich habe Ringelblumen in meinen Garten gepflanzt, die Schönheit und Leuchtkraft ihrer Blüten begeistern mich immer wieder.

HINWEIS: *Ich bin sicher, dass jeder einen Schutzengel hat, an den man sich auch wenden kann. Man sollte immer darum bitten, dass alles gutgeht, beispielsweise wenn man ins Auto steigt.*

Probleme in der Partnerschaft

Immer wieder kommen Menschen zu mir, die Partnerschaftsprobleme haben.

Ich sage immer: „Egal um was es sich handelt, versuchen Sie abends wieder miteinander gut zu sein. Wenigstens das „Gute Nacht" sollte man sich sagen können."

Wenn ein Partner fremdgeht, dann ist das für den anderen oft eine wirkliche Prüfung. Halten Sie sich zurück. Sagen Sie erst einmal nicht so viel. Warten Sie, bis etwas Zeit vergangen ist. Denn die Zeit ändert die eigene Einstellung. Sie verändern sich. Vielleicht merkt der Partner auch, dass der neue Freund oder die neue Freundin auch ihre Schattenseiten hat und kommt wieder zurück.

Wenn der Partner immer wieder fremdgeht, ist es sehr schwierig, auf Dauer zusammenzubleiben. Nach meiner Erfahrung muss man sich fast ein wenig aufgeben. Und das ist nicht gut. Sie müssen in einem solchen Falle überlegen, ob Sie sich das auf Dauer antun wollen oder lieber einen zwar erst schmerzhaften Schnitt machen, auf die Jahre gesehen aber zu einem erfüllteren Leben finden können.

HINWEIS: *Bei Problemen in der Ehe oder Partnerschaft rate ich dazu: loslassen, rar machen, beten, Geduld haben und warten können.*

Der Umgang mit schwierigen Menschen

Ich versuche es bei schwierigen Menschen immer mit Erklärungen und Geduld. Wenn man zum Beispiel wegen irgendetwas angegriffen wird, dann kann man versuchen, die Sache ruhig und geduldig aufzuklären. Leider klappt es nicht immer, aber doch immer wieder. Wenn der andere weiterzankt, dann versuche ich es mit Abstand. Ich gehe weg oder verabschiede mich am Telefon und lege auf. Meistens lässt die Wut mit der Zeit nach, und ein normales Gespräch ist schon kurze Zeit später möglich.

Ich lasse die Leute oft auch erst einmal reden. Wenn es aber mit der Zeit nicht besser wird und sie weiter zetern und schimpfen, dann gehe ich weg oder hänge das Telefon ein, natürlich verabschiede ich mich vorher höflich, aber mit Abstand.
Ich versuche es im nächsten Schritt noch mit dem Gebet. Denn man kann für diejenigen auch beten und das Verhältnis bessert sich.

Einmal kam eine Frau zu mir, die über Ihre verstorbene Schwiegermutter herzog. Sie konnte einfach nicht loslassen. Ich sagte ihr, dass sie für diese Frau beten sollte. Das hielt sie für unmöglich und weigerte sich, es zu tun. Ich erwiderte, dass ich ihr dann nicht helfen könnte. Also versuchte sie es doch. Und es dauerte nicht lange, da war sie im Gleichgewicht und konnte verzeihen.

Zum Thema Tod noch einige wenige Worte. Wenn man das Gefühl hat, dass ein verstorbener Mensch noch immer im Haus „herumgeistert", dann kann es sein, dass die Seele des Toten nicht hinausfindet. Früher zündete man Kerzen an, damit die Seelen hinausfinden. Türen und Fenster kann man zusätzlich aufmachen.

Menschen, die unter Jähzorn leiden, sollten regelmäßig Mandeln und immer viele Zwiebeln essen. Außerdem kann es helfen, wenn man sich den Bauch mit Johanniskrautöl einreibt.

Geduld ist die Brücke zur Freude.

Ich empfehle häufig einfach einen Spaziergang in der Natur zu unternehmen. Das beruhigt und klärt Ihre Gedanken.

Welches Rezept hilft

Auf den folgenden Seiten finden Sie nach dem gesundheitlichen Problem geordnet die Rezepte, die ich in diesem Buch empfehle. So können Sie sich schnell informieren, falls Sie Hilfe brauchen. Bitte bedenken Sie, dass es in der Naturheilkunde zu einer Erstverschlimmerung kommen kann. Das ist nichts Unübliches.

Lassen Sie sich dadurch nicht entmutigen. Wenn Sie allerdings sehen, dass keine Heilung eintritt, dann müssen Sie es mit einem anderen Heilmittel versuchen. Jeder Mensch, jeder Körper ist anders. Finden Sie Ihren Weg.

Apfelblüte

Für die Gesundheit	Rezept	Seite
gut für den ganzen Organismus	Brennnessel-Obstler	99
	Brennnesseltee	25
	Johanniskrautöl	92 f.
	Wohltätigkeitsbäder	92
Abnehmen	Apfelessig-Trunk	80
	Apfelschalentee	31
	Apfelschalentee mit Melisse	16
Angina	Meerrettich-Wickel	111
Akne	Sud aus Walnussblättern	92
	Johanniskrautöl	92
	Aknetee für Jungen	30
	Aknetee für Mädchen	30
Altern	Tee aus der Esche	35
Altersflecken	Brunnenkresse-Auflage	108
Ängste	Angst-Stein	116
	Hagebuttentee	20
appetitanregend	Wacholderbeer-Wein	102
Arthrose	Tee aus Kirschstielen	25
	Umschlag aus Weißkohlblättern	113
	Urin-Wickel	112
Asthma	Meerrettich-Wickel	114
Atemwege	Spitzwegerich-Sirup mit Quittenkernen	79
	Tee aus der Esche	35
	Thymian-Kräuterkissen	116
	Wohltätigkeitsbäder	92
Augendruck	Ebereschen-Schnaps	99
Ausschläge	Johanniskrautöl	92
zur Beruhigung	Apfelschalentee	31
	Baldrian-Vollbad	86
	Kräuterkissen aus Johanniskraut	116

Für die Gesundheit	Rezept	Seite
zur Beruhigung	Beruhigungstee	33
	Johanniskrauttee-Mischung	33
	Rosenblatt-Kräuterkissen	116
Blähungen	Johanniskrautöl	92
	Löwenzahnsalat	45
	Salat gegen Blähungen	44
Blasenentzündung	Dampfsitzbad	88
	Teemischung bei Blasenentzündung	16
Blasenschwäche	Schafgarbentee	19
Blut	Birkenblättertee	20
	Tee aus Walnussblättern	20
Blutbildung	Löwenzahn-Honig	77
	Löwenzahnsalat	45
	Rote-Bete-Salat	46
	Rote-Bete-Salat mit Hirse	47
	Tee aus Walnussblättern	20
Blutdruck	Schnaps aus Bärlauchzwiebeln	99
	Brennnesseltee	25
	Karottensalat	45
blutreinigend	Birkenblättertee	20
	Gänseblümchen-Sirup	77
	Gänseblümchentee	17
	Holunderblatttee	18
	Löwenzahnsalat	45
	Löwenzahn-Honig	77
	Tee aus Walnussblättern	20
	Wacholder-Schnaps	101
Bronchien	Thymian-Kräuterkissen	116
	Wohltätigkeitsbäder	92
Bronchitis	Gänseblümchen-Sirup	77
	Holundertee	22
	Meerrettich-Wickel	111
	Spitzwegerich-Sirup mit Quittenkernen	79
	Tee aus Thymian und Lungenkraut	23

Für die Gesundheit	Rezept	Seite
Magenprobleme	Lindenblütentee	22
	Löwenzahnsalat	45
	Magenbitter aus der Walnuss	102
	Quitten-Brotaufstrich	75
	Quittenchips	75
	Quittenkompott	75
	Quitten in Obstler	100
	Quittenschalentee	28
	Rotwein mit Echtem Salbei	100
	Salbeitee	29
	Schafgarben-Schnaps	101
	Schafgarbenwasser	83
	Spitzwegerich-Sirup	79
	Tee aus Walnussblättern	20
	Wacholderbeer-Wein	102
	Wacholder-Schnaps	101
	Zwiebeltrank	103
Mandeln	Holundermilch	81
	Ringelblumensalbe	94
Menstruationsbeschwerden	siehe Frauenleiden	
Mundfäule/entzündete Mundschleimhaut	Brombeertee	34
	Wald-Erdbeerentee	35
	Ringelblumensalbe	94
	Frische Spitzwegerichblätter	120
	Tee aus Zinnkraut	25
Mundgeruch	Frische Salbeiblätter	120
	Salbeitee	29, 35
Muskelschmerzen	Huflattich-Tinktur	106
Muskelzerrungen	Ringelblumen-Tinktur	107
Nasenbluten	Zwiebelpackung	113
Neurodermitis	„Heilendes Wasser"	112
	Kräuterbäder mit Salbei	89
Nierenleiden	Birkenblättertee	20
	Holundertee	22
	Kartoffel-Umschlag für die Niere	110
	Nierenauflage aus Birkenblättern	108
	Tee aus Goldrute, Bärentraubenblättern und Zinnkraut	17
Nierensteine	Meerrettichwein	110
Ödeme	Wacholderbeer-Wein	102
nach Operationen	Schafgarbentee	19
	Schafgarbenwasser	83
Quetschungen	Ringelblumen-Tinktur	107
Parodontose	Blutwurztee	28
Periode	siehe unter Frauenleiden	
Prostata	Gebackene Kürbisschnitzel	60
	Kürbiskerne	41
	Tee gegen Prostatabeschwerden	29
	Zinnkrauttee	19, 25
zur Regeneration	Wohltätigkeitsbäder	92
Rheuma	Birkenblättertee	20
	Birkenwasser	80
	Frühjahrstee	16
	Gelee aus Birnenquitte	75
	Johanniskraut-Tinktur	106
	Karottensalat	45
	Lindenblütentee	22
	Löwenzahnsalat	45
	Quitten-Brotaufstrich	75
	Quittenchips	75
	Quittenkompott	75
	Quittenschalentee	28
	Mein gekochtes Sauerkraut	63
	Tee aus der Esche	35
	Umschlag aus Weißkohlblättern	113
	Urin-Wickel	112
	Wacholder-Schnaps für den Magen	101
	Wacholder-Vollbad	91
Schlaflosigkeit	Hornkleetee	31
	Lindenblütentee	22
Schleimbeutelentzündung	Leinsamen-Umschlag	110

Rezepte-Übersicht

Teerezepte

Suppen

Salate

Hauptgerichte

Aufstriche & Co.

Register